Edition Delius

Farbe im Garten

Susan Chivers

Delius Klasing Verlag

Danksagung der Autorin
Ich möchte mich bei Andy McIndoe, Sue Gordon, Polly Boyd und Robin Whitecross bedanken, die mir mit viel Geduld und Know-how beim Schreiben dieses Buches geholfen haben. Es war eine Freude, mit ihnen allen zusammenzuarbeiten.
Außerdem dankt die Autorin allen, deren Gärten für das Buch fotografiert werden durften.

Bildnachweis
Alle Fotos von Andrew McIndoe, Kevin Hobbs, John Hillier und Tim Mason, mit Ausnahme von:
Garden Picture Library: Seiten 49 (2)/Howard Rice, 114 (A)/John Glover und 114(B)/Neil Holmes
Simple Pleasures Nursery: Seiten 97 (9), 99 (14), 105 (F), 118 (E) und 118 (G)
Jane Sterndale-Bennett: Seiten 11 (8), 14, 15 links, 16 oben, 17, 22 und 113 (A)
Terry Underhill: Seiten 106, 107 (2) und 109 (8)

Die englische Originalausgabe mit dem Titel »Planting For Colour« erschien 2005 bei David & Charles, Brunel House, Newton Abbot, Devon, TQ12 4PU

Bibliografische Information der Deutschen Nationalbibliothek
Die Deutsche Nationalbibliothek verzeichnet diese Publikation in der Deutschen Nationalbibliografie; detaillierte bibliografische Daten sind im Internet über http://dnb.d-nb.de abrufbar.

1. Auflage
ISBN 978-3-7688-3245-8
Die Rechte für die deutsche Ausgabe liegen beim Verlag Delius, Klasing & Co. KG, Bielefeld

Aus dem Englischen von Claudia Arlinghaus
Lektorat: Dr. Nadja Kneissler, Dr. Sigrun Künkele
Umschlaggestaltung und Layout: Gabriele Engel
Printed in China 2011

Delius Klasing Verlag, Siekerwall 21, D - 33602 Bielefeld
Tel.: 0521/559-0, Fax: 0521/559-115
E-Mail: info@delius-klasing.de
www.delius-klasing.de

Inhalt

🏆 Das Gütesiegel der Royal Horticultural Society: *RHS Award of Garden Merit* 🏆

Viele der in diesem Band vorgestellten Pflanzen weisen ein von der britischen Royal Horticultural Society verliehenes Gütesiegel auf, den Award of Garden Merit, auf den das entsprechende Symbol 🏆 verweist. Es bedeutet, dass sich die Pflanze in britischen Gärten als einfach in Kultur und Pflege, robust und recht widerstandsfähig gegen Schädlinge und Krankheiten erwiesen hat. Lassen Sie sich jedoch nicht davon abhalten, auch Pflanzen ohne diesen Qualitätshinweis zu verwenden.

So kommt Farbe in den Garten

Wer Farbe als Mittel der Gartengestaltung einsetzen will, sollte sich ein wenig mit der Farbenlehre auskennen. Auch hilft es, wenn man die Auswirkung von Sonnenlicht unterschiedlicher Qualität auf die verschiedenen Farben voraussehen kann und weiß, wie Farben die Wahrnehmung der Größe und des Schnitts eines Gartenraums sowie seine Stimmung beeinflussen.

Bach-Kratzdistel (*Cirsium rivulare*) 'Atropurpureum'
vor Nachtviolen (*Hesperis matronalis*)

Farbenlehre

Dass Farbe von entscheidender Bedeutung für jeden Garten ist, braucht nicht extra betont zu werden. Wer dieses Gestaltungsmittel raffiniert einzusetzen weiß, ist grundsätzlich im Vorteil. Farbe macht den Garten interessanter und legt seine Grundstimmung fest; mit etwas Geschick lässt sich das Raumempfinden manipulieren, sodass ein kleiner Garten größer, eine weitläufige Anlage intimer erscheint.

Weißes Licht wird durch ein Prisma in unterschiedliche Farben gebrochen; zu beobachten ist dies beispielsweise beim Regenbogen. Dieses von Rot, Orange und Gelb über Grün und Blau bis Violett reichende Farbenspiel bezeichnen wir als Farbspektrum.
Zwar kann unser Gehirn sämtliche Regenbogenfarben unterscheiden, dennoch reagieren die farbempfindlichen Sehzellen unserer Netzhaut, die Zapfen, lediglich auf drei Farben: Rot, Grün und Blau. Rot, Blau und Gelb sind die Primärfarben der Farbenlehre. Die dazwischen liegenden Farben des Farbkreises – Orange, Grün und Violett – sind jeweils aus den beiden angrenzenden Primärfarben gemischt und werden als Sekundärfarben bezeichnet. Wer jemals mit einem Malkasten experimentiert hat, weiß, dass Rot und Gelb, zu gleichen Teilen vermischt, Orange ergeben, Blau mit Gelb zu Grün wird und Rot sich mit Blau zu Violett verbindet. Ändern wir das Mischungsverhältnis, so entstehen zahllose Zwischentöne und Übergangsfarben. Tatsächlich enthält auch das natürliche Lichtspektrum unendlich viele Farben, doch bei einem kurzen Blick können wir nur wenige davon ausmachen.

Farbkreis
Reiht man sämtliche Farben des Spektrums als Band aneinander und schließt dieses Band zum Kreis, so erhält man einen sogenannten Farbkreis. Dieser enthält zur Hälfte warme Farben – Rot-, Orange- und Gelbtöne – und im Übrigen kalte Farben wie Grün, Blau, Indigo und Violett. Der Farbkreis ist dem Gärtner vor allem insofern eine Hilfe, als er den Unterschied zwischen Farbharmonien und Farbkontrasten illustriert.

Farbharmonie

Wenn wir eine Rabatte oder ein Beet mit Pflanzen gestalten, deren Farben im Farbkreis nebeneinanderliegen, so stellt sich eine besonders harmonische Wirkung ein. Dennoch lassen sich ganz unterschiedliche Effekte erzielen: Es gibt sowohl entspannende, beruhigende als auch aufmunternde, lebendige Zusammenstellungen. Besonders ruhig wirkt eine Kombination von immergrünem Laub mit gelben oder blauen Blüten, so z. B. ein Buchsparterre (*Buxus*) mit lichtblauen Armenischen Traubenhyazinthen (*Muscari armeniacum*) 'Valerie Finnis' und später hochtreibendem Graulaubigem Ährigem Blauweiderich (*Pseudolysimachion spicatum* ssp. *incanum*), der indigoblau blüht. Ganz anders ist der Effekt, wenn orangefarbene Blüten mit Gelb und Rot zusammentreffen, beispielsweise Goldene Inkalilie (*Alstroemeria aurea*), feuerrote Montbretien (*Crocosmia*) 'Lucifer' 🏆 und gelbgrüne Steife Segge (*Carex elata*) 'Aurea' 🏆 - eine Zusammenstellung, die vor Leben und Energie nur so sprüht. So herrliche Arrangements mit glühendem Farbenspiel schuf beispielsweise Christopher Lloyd in seinem Garten Great Dixter in East Sussex.

1-3 | Eine entspannende Farbharmonie mit Europäischem Buchs (*Buxus sempervirens*), Weichem Frauenmantel (*Alchemilla mollis*) und Graulaubigem Ährigem Blauweiderich (*Pseudolysimachion spicatum* ssp. *incanum*)

4-6 | Eine anregende Farbharmonie mit Goldener Inkalilie (*Alstroemeria aurea*), Garten-Montbretie (*Crocosmia × crocosmiiflora*) 'Jackanapes' und Steifer Segge (*Carex elata*) 'Aurea'

Farbintensität

Der starke Kontrast zwischen Farben, die einander im Farbkreis gegenüberliegen, wird dann als besonders angenehm empfunden, wenn ihr Reinheitsgrad (die Sättigung) in etwa gleich ist. So wirkt gedämpftes Violett neben gebrochenem Gelb gefälliger als neben reinem Gelb. Dasselbe gilt für Farbklänge wie in der Abbildung oben: Mit einem klareren, intensiveren Violett käme das Silbergrün des jungen Distellaubs weniger gut aus. Bei einer Ton-in-Ton-Gestaltung sind hingegen unterschiedlich stark gesättigte Nuancen der im Mittelpunkt stehenden Farbe notwendig, damit ein gefälliges Bild entsteht – ein Prinzip, nach dem beispielsweise Sandra und Nori Pope bei ihren Farbrabatten im Garten Hadspen in Somerset vorgehen.

Kontrast- und Komplementärfarben

Kombinationen von Blüten- oder Blattfarben, die auf dem Farbkreis nicht benachbart sind, bezeichnen wir als »Farbkontrast«. Dabei steht einer warmen Farbe grundsätzlich eine kalte gegenüber. Übergangslos nebeneinandergesetzte Kontrastfarben wirken nicht beruhigend, sondern rütteln auf oder können sogar irritieren. So bildet beispielsweise die himmelblaue Leichtlins Prärielilie (*Camassia leichtlinii*) einen scharfen Kontrast zur Gold-Akelei (*Aquilegia chrysantha*) 'Yellow Queen', da Blau und Gelb im Farbkreis weit voneinander entfernt liegen. Liegen sich zwei Farben im Farbkreis genau gegenüber, so bezeichnen wir sie als »Komplementärfarben«, da sie gemeinsam alle drei Primärfarben abdecken. Solche Komplementärfarben sind Rot und Grün, Blau und Orange, Gelb und Violett. Eine Verwendung dieser Farbpaare im Beet wirkt grundsätzlich sehr intensiv und auffällig, da sie im höchstmöglichen Kontrast zueinander stehen und dennoch miteinander harmonieren.

Kontrast- und Komplementärfarben – Kombinationsmöglichkeiten

Die hellgelbe Wiesen-Taglilie (*Hemerocallis lilioasphodelus*) 🏆 (A) setzt einen deutlichen Kontrast zur Säckelblume (*Ceanothus*) 'Blue Mound' 🏆 (B) und unterstreicht damit das Fliederblau des blühenden Strauchs.

Leuchtend blaue Schmucklilien (*Agapanthus*) 'Blue Giant' (C) in einem orange glühenden Meer aus Rauem Sonnenauge (*Heliopsis helianthoides* var. *scabra*) (D) liefern ein Paradebeispiel für stimulierende, aufrüttelnde Komplementärfarben.
Mit dem Feuerrot der Flammenden Kapuzinerkresse (*Tropaeolum speciosum*) 🏆 (E) und dem Dunkelgrün einer Eibenhecke (*Taxus*) stehen sich zwei Farben von annähernd gleichem Sättigungsgrad gegenüber.

Sättigungsgrad und Helligkeit

Eine gesättigte Farbe ist eine Farbe von höchster Intensität und Reinheit. Je höher der Sättigungsgrad, desto kräftiger wirkt die Farbe und desto deutlicher tritt sie aus ihrer Umgebung hervor. Dies ist beim Entwurf eines Pflanzplans unbedingt zu berücksichtigen – besonders dann, wenn sattes Rot, Orange und Gelb vorgesehen sind. Reine Farben sind vor allem dort nützlich, wo starke Farbakzente verlangt werden. Unübersehbar leuchten rote Topfgeranien (*Pelargonium*) auf einem dunklen Balkon, und die Beeren des Feuerdorns (*Pyracantha*) 'Orange Glow' 🏆 setzen sich mit klarem Orange von der dunklen, halbimmergrünen Belaubung des Strauchs ab. Viele staudig wachsende Korbblütler dominieren unsere Sommerbeete mit leuchtendem Gelb – bekannte Beispiele sind Sonnenbraut (*Helenium*) und Sonnenhut (*Rudbeckia*). Je weniger gesättigt und somit weniger intensiv eine Farbe ist, desto weiter tritt sie optisch zurück, bis sie mit ihrer Umgebung verschmilzt. Das gilt ganz besonders für Blautöne: Das kräftige Blau des Mexikanischen Salbeis (*Salvia patens*) 🏆 zieht sofort alle Aufmerksamkeit auf sich, wohingegen das helle, gebrochene Blau des Enzian-Ehrenpreises (*Veronica gentianoides*) 🏆 weit weniger auffällt.

Während der Sättigungsgrad einer Farbe Aufschluss über ihre Intensität gibt, verrät der Helligkeitsgrad etwas über ihre Leuchtkraft. Dieser sogenannte »Lichtwert« hängt von der Farbe ab. So ist Gelb eine helle Farbe mit hohem Lichtwert; Violett wirkt hingegen dunkler und hat einen niedrigeren Lichtwert. Die lichtempfindlichen Stäbchen im menschlichen Auge reagieren auf Helligkeit und sind im Gegensatz zu den farbempfindlichen Zapfen auch noch bei schwächeren Lichtverhältnissen aktiv. Aus diesem Grund nehmen wir auch dann noch Helligkeitsunterschiede im Beet wahr, wenn wir längst keine Farben mehr unterscheiden. Deutliche Differenzen in der Leuchtkraft garantieren Gartendrama: Schwarzrohrbambus (*Phyllostachys nigra*) 🏆 vor einer hellen Wand etwa, oder silberne Wilde Artischocke (*Cynara cardunculus*) vor einer Eibenhecke (*Taxus*).

7 | In dieser attraktiven Komposition bildet das intensive Orangegold der Purpurglöckchenblätter (*Heuchera*) ein perfektes Gegengewicht zum leuchtenden Mandelgrün einer blühenden Wolfsmilch (*Euphorbia*).

8 | Die Blütenkugeln des Zier-Lauchs (*Allium*) setzen sich hell vor dem rotvioletten Perückenstrauch (*Cotinus*) ab. Das wesentlich weniger präsente dunkle Blattwerk des Gehölzes lässt den Strauch optisch in den Hintergrund rücken.

Lichtwirkung

Die Lichtverhältnisse in der Natur ändern sich ständig. Sie sind abhängig von Tageszeit, Jahreszeit und Wetter, und mit ihnen verschiebt sich unsere Wahrnehmung der verschiedenen Farben. Wer über ein wenig Gartenerfahrung und Kreativität verfügt, berücksichtigt diese Besonderheit bereits bei der Planung und macht sich das Phänomen zunutze, um seinen Garten noch schöner und stimmungsvoller zu gestalten.

Ein kleiner Gartenspaziergang in den frühen Morgen- oder Abendstunden ist eine ganz besondere Freude. Zu dieser Zeit taucht das schräg einfallende Sonnenlicht alles in einen beseligenden Glanz. Unser Morgen- und Abendlicht tritt in einem flacheren Winkel in die Atmosphäre ein als das helle Mittagslicht. Dabei wird es so gestreut, dass vor allem die roten Anteile des Sonnenspektrums zu uns gelangen. Machen Sie sich dies zunutze, indem Sie rote, gelbe und orange Blüten und Blätter dort einsetzen, wo sie das Licht der Morgen- oder Abendsonne einfangen. Blau, Violett und Weiß hingegen wirken bei tief stehender Sonne düster und leblos und sollten daher an anderer Stelle platziert werden.

Sobald die Sonne jedoch untergegangen ist, präsentiert sich alles ganz anders: Die »blaue Stunde« der Dichter bricht an. Der rote Glanz ist verschwunden; stattdessen liegt die Natur in bläulichem Schimmer. Je dämmriger es wird, desto mehr sind die wärmeren Farben dem Blick entzogen, bis nur noch Blau und Weiß sichtbar bleiben. Machen Sie daraus eine Tugend, indem Sie Pflanzen mit diesen Blütenfarben für Ihren abendlichen Lieblingsplatz auswählen und die Plauderecke für laue Sommernächte damit umgeben. Ganz einfach geht das beispielsweise, wenn Sie Töpfe mit Petunien (*Petunia*) oder anderen weißen einjährigen Pflanzen füllen und zu Kübeln mit blauer Schmucklilie (*Agapanthus*) stellen.

Bei der mittäglichen Gartenerkundung empfinden wir das Licht der Sonne als farblos. Der Himmel reflektiert Blau, was sich in der Farbe der Schatten zur Mittagszeit besonders bemerkbar macht. Auch diese Besonderheit der natürlichen Lichtverhältnisse können Sie nutzen, indem Sie Blau, Weiß und Violett – jene Farben, die sich in bläulichem Licht am vorteilhaftesten präsentieren – an Stellen pflanzen, die mittags im Schatten liegen.

Jahreszeitliche Vielfalt

Für die gemäßigten Breiten der Nordhalbkugel sind die sehr unterschiedlichen Jahreszeiten charakteristisch. So lässt sich die Sonne im Winter kaum blicken, der Tag wirkt grau und dämmrig. Scheint die Sonne dann einmal, wirft alles lange Schatten und wir erfreuen uns an den subtilen Farbnuancen, die das schräge Licht herausstellt: an den Brauntönen der Baumrinde und dem schimmernden Weiß der Blüten von Schneeglöckchen (*Galanthus*) und Christrosen (*Helleborus niger*) 🏆.

Im Frühjahr und Herbst sehen wir die Sonne öfter. Nun steht sie höher am Himmel, und ihr Licht erscheint kühl und weich. Mit dem Frühjahr verbinden wir vor allem hell leuchtende gelbe Blüten – eine Farbe, die das Sonnenlicht zu dieser Zeit zum Glück ein wenig dämpft. Ähnlich wirkt auch das dunstige Herbstlicht, wenn Bäume und Sträucher ihr leuchtendes Kleid anlegen. Nehmen Sie sich bei der Planung Ihrer Frühjahrs- und Herbstbeete ein Beispiel an der Natur, und gehen Sie auf die typischen Farben dieser Jahreszeiten ein. Zum Frühling passen am besten Gelb, Blau, Weiß und gebrochenes Weiß. Der Herbst hingegen verlangt nach Gelb-, Orange- und Rottönen.

Der Sommergarten gemäßigter Breiten wirkt am schönsten, wenn er sich in heimischen Farben präsentiert. Diese sind zurückhaltender als die aus heißen Tropenregionen. Es überwiegen Rosavarianten, Malvenfarben, Blautöne, Violett und Dunkelrot; hinzu kommen zartes Gelb und Grün. Für ein subtropisches Ambiente jedoch sind kräftige, lebendige Primärfarben gefragt. Wenn die Sonne im Hochsommer zur Mittagszeit im Zenit steht und am intensivsten strahlt, erscheinen selbst in unseren Breiten alle Farben wie ausgewaschen; morgens und abends dagegen sind sie wesentlich ausdrucksvoller.

Struktur für den Winter

Ein Garten mit einem guten »Gerüst« aus immergrünen und laubabwerfenden Gehölzen sowie baulichen Elementen wartet im Winter mit diversen subtilen, höchst reizvollen Farbkombinationen auf: dem Weiß der Birkenrinde (*Betula*) vor dem Grün einer Eibenhecke (*Taxus*), dem nackten Geäst kahler Bäume und Sträucher vor einem bleigrauen oder strahlend blauen Himmel, regenglänzendem Steinpflaster, Reifkristallen auf nacktem Erdboden, Spinnweben in bleichen Staudengerippen.

9

10

11

9 | Pflanzt man rote, gelbe oder orange Blumen wie diesen Spanischen Mohn (*Papaver rupifragum*) an eine Stelle, wo sie im goldenen Licht der Morgen- oder Abendsonne stehen, leuchten ihre Farben besonders intensiv.

10 | Mit blauen Traubenhyazinthen (*Muscari*) gefüllte niedrige Schalen schmücken diesen beschatteten, lichtblau lasierten Tisch. An Schattenplätzen und nach Sonnenuntergang ist Blau besonders gut sichtbar, was die Wirkung dieser Farbe verstärkt.

11 | Manche Farben sind zu einer bestimmten Jahreszeit besonders reich vertreten. Im Frühjahr schmücken sich besonders viele Gehölze mit weißen Blüten – hier die Kupfer-Felsenbirne (*Amelanchier lamarckii*). Gehen Sie mit Ihrer Frühjahrsplanung darauf ein.

12

Größe und Entfernung

Farbe spielt nicht nur eine wesentliche Rolle für die Stimmung eines Gartens, sondern hat darüber hinaus auch einen Einfluss darauf, wie die Größe des Gartens und Entfernungen in ihm wahrgenommen werden. Geschickt eingesetzt lässt Farbe einen kleinen Garten geräumig und licht erscheinen; im größeren Garten sorgt sie für Zusammenhalt und die nötige Einbindung in die Umgebung.

Soll Farbe das Auge über die wahren Platzverhältnisse in einem Garten hinwegtäuschen, so gilt eine einfache Grundregel: Helle sowie warme, strahlende Farben rücken in den Vordergrund, während kalte Farben wie Dunkelgrün und Blau optisch zurücktreten. Diese Regel trifft auf Garteneinbauten ebenso wie auf die Bepflanzung zu. So lassen hell leuchtende Mauern einen kleinen ummauerten Garten noch kleiner erscheinen; eine dunkle Umgrenzung hingegen, die optisch mit den Pflanzen verschmilzt, lässt ihn größer wirken. Weiß sowie helle Pastellfarben vor einer düsteren Hecke am Ende eines länglich geschnittenen Gartens wirken näher, als sie tatsächlich sind – sie verkürzen den Garten optisch. Mit dunkelblauen Blumen vor der Hecke mutet derselbe Gartenraum hingegen weitaus tiefer an.

Farbe im kleinen Garten

Auch ein kleiner Garten sollte das ganze Jahr hindurch schön anzusehen sein, sei es der Vorgarten, den alle Welt im Vorbeigehen betrachtet, oder ein blickgeschützter Familiengarten hinter dem Haus. Blattschmuckpflanzen sind daher seine wichtigste Komponente. Sie bilden den Hintergrund, vor dem sich farbenfrohe Blüten schön in Szene setzen lassen. Im gemäßigten Klima empfehlen sich für diesen Hintergrund zurückhaltende Farben wie Dunkelgrün, Rot, Braun, Schwarz und Silbergrau, die sich gut mit hellen Blüten vertragen; dunklere Nuancen lassen den Garten zugleich größer erscheinen. Dunkellaubige kleine Bäume, immergrüne und sommergrüne Sträucher wie der nahezu schwarzlaubige Schwarzer Holunder (*Sambucus nigra*)

Begrenzte Farbpalette

Beim kleinen Garten empfiehlt sich grundsätzlich die Beschränkung auf etwa drei oder vier Farben. Eine Ton-in-Ton-Gestaltung sollten Sie hier allerdings nicht wagen, denn die Gefahr ist zu groß, dass das Ergebnis langweilig wirkt. Der einfarbige Garten funktioniert am besten als Teil einer weitläufigen Anlage, wo »Raum für Spielerei ist«, wie es Sir Roy Strong in seinem Buch *Kleine Gartenparadiese* formuliert.

13

'Gerda' 🏆 sowie Farne und Blattschmuckstauden sind sämtlich gut für den kleinen Garten geeignet. Zumindest einige davon sollten jedoch nicht nur zu einer Jahreszeit interessant sein: So schmückt sich die Kahle Felsenbirne (*Amelanchier laevis*) 'Ballerina' 🏆, ein recht kleiner Baum, im Frühjahr kurz vor dem rosig grünen Blattaustrieb mit duftigen weißen Blüten; im Herbst bezaubert sie mit feurigem Laub.

Welche kurzlebigeren Farbtupfer Sie für Ihren kleinen Garten wählen, hängt davon ab, welche Stimmung Sie erzeugen wollen. Für einen stillen, erholsamen Ort sind ruhige Farben wie Blau, bläuliche Rosatöne, Silber und Weiß angebracht. Ein Garten, der zu Aktivität animieren soll, verlangt dagegen nach lebhaften Farben wie leuchtendem Orange, Rot und Gelb. Unabhängig von der Farbstimmung gilt grundsätzlich die Faustregel, dass die kräftigsten Farben so eingesetzt werden sollten, dass sie dem Betrachter am nächsten sind, während die eher gedämpften an die Grundstücksgrenzen kommen, um den Raum größer wirken zu lassen. Bei einer Gestaltung mit Rot-, Orange- und Gelbtönen platzieren Sie die leuchtkräftigsten Farben in Hausnähe und düstere Nuancen wie Ocker und Kastanienrot weiter hinten. Im kühlen Farbschema stellen Sie Dunkelblau, Rosa und Mauve in den Vordergrund, während Sie unauffälligere, ins Graue tendierende Farben zu den Gartengrenzen hin staffeln. Sogar Rotvarianten sind im hinteren Bereich zulässig, vorausgesetzt, es handelt sich um dunkle, blaustichige Töne; Gelbanteile sollten nicht enthalten sein. Scharlachrot in Kombination mit Violett, Purpur und Mauve ist ebenfalls gut für die Randbepflanzung.

Aufheller im kleinen Garten

Dunkle Ecken, von denen der kleine Garten meist viel zu viele aufweist, werden mit Licht reflektierenden Pflanzen aufgehellt. Ideal sind panaschiertes und silbriges Blattwerk sowie glänzend belaubte

12 | Geschickt platzierte helle und dunkle Farben erzeugen eine Illusion von räumlicher Tiefe, wie in dieser Rabatte im Garten White Windows in Longparish (Hampshire). Die Täuschung entsteht durch das gelbbunte Laub und die gelben Blüten von Kletterndem Spindelstrauch (*Euonymus fortunei*) 'Emerald 'n' Gold', Gewöhnlichem Fingerstrauch (*Potentilla fruticosa*) 'Elizabeth', Schafgarbe (*Achillea*) 'Moonshine' und anderen hellen Pflanzen vor einem Hintergrund aus dunkellaubiger Virginischer Blasenspiere (*Physocarpus opulifolius*) 'Diabolo'.

13 | Ein Gartenraum erscheint größer, wenn sich die kräftigsten Farben beim Haus konzentrieren, an seinen Grenzen dagegen gedämpfte Farben verwendet werden. Hier setzt violetter Zier-Lauch (*Allium*) deutliche Akzente im Vordergrund, während zarte Hintergrundfarben die Gartengrenze optisch in die Ferne rücken.

14

Stauden wie Elfenblume (*Epimedium*), Haselwurz (*Asarum*) und Christrose (*Helleborus*). Weiße und gelbe Blüten eignen sich für diesen Zweck ebenfalls vorzüglich. Sträucher mit silbrigen oder panaschierten Blättern und solche mit glänzendem, Licht reflektierendem Laub wie Skimmie (*Skimmia*) oder Davids Schneeball (*Viburnum davidii*) 🏆 gehören nicht an die Gartengrenzen, sondern in den Vordergrund, damit der Garten nicht noch kleiner erscheint. In einem kleinen Garten ohne Ausblick kommt der Gartenmauer bzw. dem Zaun große Bedeutung zu; achten Sie auch bei der Auswahl von Kletterpflanzen und Mauersträuchern darauf, dass diese den Raum nicht noch enger erscheinen lassen. Dunkellaubige Klettergehölze sowie kleine, unauffällige Blüten in Hellgelb, Creme oder Apricot, Blau oder Türkis gaukeln dem Auge weitere Grenzen vor.

Pflanzen für dunkle Winkel

In einem engen, dunklen Winkel breiten im Frühjahr Schneeglöckchen (*Galanthus*) einen hellen Teppich aus, durchsetzt mit Gelbem Scheinlerchensporn (*Pseudofumaria lutea*) oder *Epimedium* × *versicolor* 'Sulphureum' 🏆 (A). Im Sommer bringt weißer Berg-Tabak (*Nicotiana sylvestris*) 🏆 (B) Höhe ins Spiel, und im Herbst überrascht das niedrige Herbst-Alpenveilchen (*Cyclamen hederifolium*) 🏆 (C) mit hübsch geschecktem Laub und rosa Blüten.

A

B

C

Farbe im großen Garten

Weitläufige Gärten finden sich meist eher im ländlichen Bereich, und nicht selten warten sie mit einem schönen Blick in die umliegende Landschaft auf. Die Grenzen einer solchen Anlage sind mit größter Sorgfalt zu behandeln, weshalb sich dafür verhaltene Grüntöne empfehlen. Eine Kombination aus verschiedenen Gehölzen wie Weiden (*Salix*), Holunder (*Sambucus*) und in zarten Farben blühenden Wildrosen (*Rosa*) springt nicht unangenehm ins Auge und bindet zugleich den Garten in seine Umgebung ein. Ist ein dichterer lebender Schutzwall erforderlich, der nur gelegentlich einen Blick in die Ferne gestattet, so sollte dieser grundsätzlich aus heimischen Arten bestehen. Welche dafür infrage kommen, ist auch regional bedingt - alte Feldhecken in der Umgebung sind gute Ideengeber. In Deutschland bieten sich für eine solche Schutzhecke unter anderem Gewöhnliche Schlehe (*Prunus spinosa*), Gewöhnlicher Eingriffeliger Weißdorn (*Crataegus monogyna*), Gewöhnlicher Schneeball (*Viburnum opulus*), Gewöhnliche Hasel (*Corylus avellana*), Kornelkirsche (*Cornus mas*), Pfaffenhütchen (*Euonymus europaeus*), Feld-Ahorn (*Acer campestre*) und Hunds-Rose (*Rosa canina*) an. So eine Hecke bindet den Garten in seinen Kontext ein und stellt zugleich einen äußerst wertvollen Lebensraum für die Tierwelt dar. Ein großer Garten bietet die Gelegenheit, mehrere kleine Gartenräume mit jeweils eigener Stimmung zu gestalten; auch ist hier Raum für ausgedehnte Rabatten mit reichlich Farbwirkung, die einen kleineren Garten erdrücken würden. Wiederholen sich in einem großen Beet die Farben in Abständen, so wird der Blick geleitet, und die Anlage gewinnt an Zusammenhalt und Charakter; unerlässlich ist hier jedoch ein attraktiver Blickfang. Einem Meer aus zarten, harmonischen Farben verleihen wenige, bewusst gesetzte Kontraste Spannung.

14 | Pflanzen mit silbrigem, goldgelbem oder glänzendem Laub sind verlässliche Stimmungsaufheller für den Garten. Hier gesellen sich Gelbe Wiesenraute (*Thalictrum flavum*) 'Illuminator', Wald-Flattergras (*Milium effusum*) 'Aureum', *Euphorbia schillingii* und gelbgrünes Mutterkraut (*Tanacetum parthenium*) zusammen.

15 | Größere Gärten sind perfekt für großformatige Beete, in denen man auch einmal mit interessanten oder ungewöhnlichen Farbkombinationen experimentieren kann. Doch auch hier sollten sich die verwendeten Farben in Abständen wiederholen, damit der Zusammenhang gewahrt bleibt. Mehrfach eingesetztes silbriges und rotviolettes Laub hält diese überwiegend rote Rabatte im Garten White Windows (Longparish, Hampshire) zusammen.

Farben

Die Natur wartet mit Blüten in sämtlichen Nuancen des Regenbogens auf – ein Farbenschatz, den jeder Gärtner nur zu gern ausschöpft. Doch nur wer die individuellen Eigenarten und das jeweilige Potenzial der verschiedenen Farben kennt und weiß, wie die Wirkung einer Farbe durch die unmittelbar benachbarten Farben verändert wird, kann die reichhaltige Palette optimal nutzen. Für die Entwicklung eines Pflanzplans ist solches Wissen unerlässlich.

Tangutische Himbeere (*Rubus cockburnianus*) 'Goldenvale' unterpflanzt mit Schwarzem Schlangenbart (*Ophiopogon planiscapus*) 'Nigrescens'

Schwarz

Coco Chanel, Hohepriesterin der Pariser Mode, kleidete sich ausschließlich in Schwarz und Weiß, denn ihrer Ansicht nach waren dies die elegantesten Farben. Dieselbe Aura aus Eleganz und Glamour umgibt schwarze Blüten. Da die Natur nicht damit aufzuwarten weiß, bemühen sich die Pflanzenzüchter seit Jahrhunderten um entsprechende Erfolge.

Die Handlung des Romans *Die schwarze Tulpe*, 1850 von Alexandre Dumas verfasst, ist rund um die holländische Tulpenmanie zu Beginn des 17. Jahrhunderts angesiedelt. Hier vermittelt der Autor seinem Leser einen Eindruck von der Leidenschaft, die die Farbe Schwarz bis zum heutigen Tage bei Pflanzenzüchtern zu entfachen vermag. Wer heute dieser mystischen Farbe verfallen ist, kann sich glücklich schätzen, denn uns stehen wesentlich mehr Pflanzen mit schwarzen Blüten zur Verfügung als früheren Generationen. Hinzu kommen etliche Stauden und Sträucher, die sich durch eindrucksvolle »schwarze« Blätter und Triebe auszeichnen.

Man sollte allerdings nicht vergessen, dass echtes Schwarz bei Pflanzen noch immer nicht existiert. Blüten, Blätter und Stiele, die wir als schwarz ansehen, weisen immer einen gewissen Rot- oder Violettanteil auf. So blüht die beliebte »schwarze« Tulpe (*Tulipa*) **'Queen of Night'** tiefviolett, und die Blätter des Gewöhnlichen Scharbockskrauts (*Ranunculus ficaria*) **'Brazen Hussy'** zeigen einen dunkelsten Bronzeton.

Ein Pflanzplan, der Schwarz enthält, garantiert von vornherein eine dramatische Wirkung. Schwarz ist eine starke Farbe, die den Blick von blasseren Kandidaten fort auf sich selbst zieht, und sollte daher in Abständen im Beet wiederholt werden.

Setzen wir neben Pflanzen mit schwarzen Attributen auch solche mit weißen ein, verstärken sich die beiden Farben gegenseitig, vergleichbar der Wirkung von Komplementärfarben. Die Schatten und Silhouetten der dunklen Komponenten erhöhen darüber hinaus die dramatische Wirkung einer solchen Komposition. Kombiniert man etwa

Schwarze Blüten

Dem Gärtner von heute steht Schwarz für ganz unterschiedliche Standorte zur Verfügung. *Iris chrysographes* 'Black Knight', eine bartlose Iris

mit dunkelvioletter bis nahezu schwarzer Blüte, gedeiht in der Sonne wie im Schatten, bevorzugt dabei jedoch leicht feuchten Boden. Der Schwarze Germer (*Veratrum nigrum*) 🏆 ist eine beeindruckende Staude, die jeden schattigen Winkel aufwertet; er verlangt nach kühlem, tiefgründigem, humosem Boden. Über seinem gefältelten Laub stehen auf bis zu 120 cm hohen Stängeln Blütenbüschel in dunkelstem Rotbraun, die manchmal sogar schwarz erscheinen. Das Foto links zeigt die Blüte einer der zahlreichen Nieswurzhybriden (*Helleborus*), einer sehr variablen Gruppe, die weiß, gelb, grün, rosa oder violett blüht. Dabei fällt das Violett bisweilen so dunkel aus, dass es nahezu schwarz wirkt (siehe auch Seiten 29, 97, 180, 190).

1 | Tulpe (*Tulipa*) 'Queen of Night'

2 | Schwarzer Holunder (*Sambucus nigra*) 'Eva'

3 | Chinesische Stockrose (*Alcea rosea*) 'Nigra'

4 | Tatarischer Hartriegel (*Cornus alba*) 'Kesselringii'

1

2

3

4

die schwarzblütigen Chinesischen Stockrosen (*Alcea rosea*) 'Nigra' und 'Black Beauty' mit Stauden wie Weißer Natternwurz (*Ageratina altissima*) oder Schnee- bzw. Entenschnabel-Felberich (*Lysimachia clethroides*) 🏆, so erscheinen beide Blütenfarben wesentlich intensiver. Das dunkle Laub der Oktober-Silberkerze (*Cimicifuga simplex*) 'James Compton' wirkt scherenschnittartig – besonders dann, wenn man es mit großen weißen Blüten kombiniert oder vor einer weißen Wand platziert.

Ein minimalistischer Garten kann mit einer schwarz-weißen Farbgestaltung ausgesprochen elegant wirken. Ein unübersehbares Zeichen setzt der Schwarzrohrbambus (*Phyllostachys nigra*) 🏆, in weißen oder silbergrauen Kübeln gezogen, in einem kleinen urbanen Gartenhof. Steingefäße mit dem grasartigen, etwas kälteempfindlichen Schwarzen Schlangenbart (*Ophiopogon planiscapus*) 'Nigrescens' 🏆 und weißen Löwenmäulchen (*Antirrhinum*) oder Margeriten (*Leucanthemum*) sind ein eleganter kleinerer Sommerschmuck; im Spätwinter steuern weiße Krokusse (*Crocus*) oder Schneeglöckchen (*Galanthus*) ihre Blüten zu dem Schema bei.

Gelegentlich finden sich Schwarz und Weiß an ein und derselben Pflanze. So entfaltet z. B. der Türkische Mohn (*Papaver orientale*) 'Black and White' 🏆 weiße Blütenblätter mit schwarzem Basalfleck. Die Virginische Blasenspiere (*Physocarpus opulifolius*) 'Diabolo' und der Gewöhnliche Wiesen-Kerbel (*Anthriscus sylvestris*) 'Ravenswing' tragen ebenfalls dunkelviolettes, fast schwarzes Laub und wei-

5 | Schwarzer Schlangenbart (*Ophiopogon planiscapus*) 'Nigrescens' mit Alpenveilchen (*Cyclamen*) und Schneeglöckchen (*Galanthus*)

6 | Iris (*Iris*) 'Study in Black'

ße bis rosig weiße Blütenstände. Vom Schwarzen Holunder (***Sambucus nigra***) gibt es mehrere höchst attraktive dunkellaubige Zuchtformen, darunter **'Gerda'** 🏆 mit fein ziseliertem, schwarzviolettem Laub sowie **'Eva'** mit schwarzviolettem Laub und kräftig rosa Blütentellern. Beide Gehölze gedeihen in Sonne wie in Schatten auf nahezu jedem Boden, entwickeln sich jedoch an sonnigem Standort am schönsten. Sie wirken hervorragend vor einer weißen Wand.

Schwarze Blüten werden durch silbriges und graues Laub (siehe Seiten 56–59) perfekt herausgestellt: Das winzige Horn-Veilchen (***Viola cornuta***) **'Bowles' Black'** ergibt im Wechsel mit dem zarten, silbrigen Kurilen-Beifuß (*Artemisia schmidtiana*) 'Nana' 🏆 eine faszinierende Randbepflanzung für einen Natursteinpfad, und die auffällig schwarzen Blüten der Iris (***Iris***) **'Study in Black'** finden einen dramatischen Hintergrund im hellsilbernen Laub der Wilden Artischocke (*Cynara cardunculus*) 🏆 (siehe Seite 59).

Noch mehr Schwarz in der Pflanzenwelt

- Ewigblatt (*Aeonium*) 'Zwartkop' 🏆: nicht winterharte Sukkulente mit schwarz glänzendem, zu Violett tendierendem Blatt
- Spornlose Akelei (*Aquilegia vulgaris* var. *stellata*) 'Black Barlow': kurzlebige Staude mit gefüllter schwarzer Blüte im Spätfrühling
- Tatarischer Hartriegel (*Cornus alba*) 'Kesselringii': sommergrüner Strauch mit schwarzviolettem Wintergerüst
- Gewöhnlicher Brauner Storchschnabel (*Geranium phaeum* var. *phaeum*) 'Samobor': Staude mit dunkelbraunvioletten, nahezu schwarzen Blüten
- Gewöhnlicher Efeu (*Hedera helix*): schwarze beerenartige Früchte
- Wolfsschwertel (*Hermodactylus tuberosus*): eingeschränkt winterharte Staude mit schwarz-grüner, irisartiger Blüte im Frühling
- Hyazinthe (*Hyacinthus orientalis*) 'Midnight Mystique': nahezu schwarze Blüten
- Bewimperter Felberich (*Lysimachia ciliata*) 'Purpurea': Staude mit dunkelviolettem, nahezu schwarzem Blatt
- Windender Purpurglockenwein bzw. Rosenkelch (*Rhodochiton atrosanguineus*) 🏆: einjährig gezogene Kletterpflanze mit dunkelvioletter bis schwarzer Blüte von Sommer bis Herbst
- Weiß-Klee (*Trifolium repens*) 'Purpurascens Quadrifolium': vierblättrige Sorte mit violettem bis kastanienrotem, grün gerandetem Blatt

Blau

Blau betört uns mehr als jede andere Farbe. Unvergesslich ist der Anblick der von Sibirischem Blaustern (*Scilla siberica*) überzogenen alten Parkwiesen oder der mit Krokussen (*Crocus*) geschmückten Almwiesen. Jeder will Blau in seinem Garten sehen, denn kaum eine Farbe wirkt so beruhigend und lässt sich so gut mit zahllosen anderen Pflanzen kombinieren.

Blüten in reinem Blau sind in der Natur und trotz eifriger Zuchtversuche auch im Garten selten. Die Mehrzahl der als »blau« beschriebenen Blüten und Blätter weist tatsächlich eine Beimischung anderer Farben auf. So zeigt die Blüte der beliebten Berg-Flockenblume (***Centaurea montana***, siehe Seite 133) einen deutlichen Stich Pink, und das Blatt der Funkie (***Hosta***) **'Halcyon'** 🏆, die allgemein als blaulaubige Sorte bezeichnet wird, ist eigentlich mehr grün denn blau.

Den Siegerpreis für das reinste Blau tragen wohl Rittersporn (***Delphinium***) und Salbei (***Salvia***) davon. Nahezu undenkbar wäre ein englischer Garten ohne mannshohen Rittersporn in der Sommerrabatte; Namen wie **'Blue Nile'** 🏆 und **'Blue Jay'** verkünden bereits vor der Blüte den Farbton. Doch gerade der Rittersporn zeigt mit seinen zahlreichen Nuancen, wie unterschiedlich diese Farbe ausfallen kann. Das wilde ***D. tatsienense*** blüht kornblumenblau, ***D. grandiflorum* 'Blue Butterfly'** strahlt kobaltblau, und himmelblau leuchtet ***D.* 'Cliveden Beauty'**, eine zur Belladonna-Gruppe zählende Hybride. Unter den Salbeiarten weist der Mexikanische Salbei (***Salvia patens***) 🏆 die Blüten mit dem klarsten, reinsten Blau auf, dicht gefolgt von ***S. uliginosa*** 🏆. Diese beiden Südamerikanerinnen ergänzen die Gartenpalette wunderbar, denn sie öffnen ihre Knospen im Spätsommer und Herbst, in einer Zeit, da sonst wenig Blau im Garten zu finden ist.

Ein Beet ganz in Blau verfügt über eine besonders ruhige Ausstrahlung; allerdings existieren vergleichsweise wenige Stauden mit dieser Blütenfarbe. Wem also der Sinn nach einem blauen Beet steht, der tut gut daran, auch auf Ein- und Zweijährige wie Vergissmeinnicht (***Myosotis***) und Jungfer im Grünen (***Nigella***) zurückzugreifen. Diese einfachen Bauernblumen kehren außerdem Jahr für Jahr zurück, da sie sich willig versamen. Auf leichtem, durchlässigem Boden gedeihen auch ausgesäter Roter Lein (***Linum grandiflorum***) **'Blue Dress'** und Garten-Rittersporn (***Consolida ajacis***); zupfen Sie vom Garten-Rittersporn einfach die Pflänzchen aus, die weiße oder rosa Knospen ansetzen.

Eine Beetgestaltung ganz in Blau wirkt kühl und beruhigend; Leben und Leichtigkeit bringen Weiß- und Grüntöne in dieses Bild. Im zeitigen Frühjahr bildet das cremefarben gescheckte sattgrüne Laub des Italienischen Aronstabs (*Arum italicum*) 'Marmoratum' 🏆 (siehe Seite 108) einen perfekten Hintergrund für blau blühende Zwiebelpflanzen und Stauden. Die attraktive weiße Tulpe (*Tulipa*) 'White Triumphator' 🏆 (siehe Seite 54) wirkt zusammen mit den hellblauen Blüten und dem hell gesäumten Laub des Großblättrigen Kaukasusvergissmeinnichts (***Brunnera macrophylla***) **'Hadspen Cream'** 🏆 beeindruckend.

Einen scharfen Gegensatz bilden Blau und Orange, denn hier handelt es sich um Komplementärfarben. Wenn im Frühjahr die orangefarbene Tulpe (*Tulipa*) 'Prinses Irene' 🏆 (siehe Seite 38) über einem Teppich aus Kriechendem Günsel (***Ajuga reptans***) erblüht, ist knisternder Kontrast garantiert. Im Spätsommer erzielen Sie einen ähnlichen Effekt mit orange blühendem Westindischem Blumenrohr (***Canna indica***, siehe Seite 143) und hoher, tiefblauer ***Salvia uliginosa*** 🏆.

Auch die Kombination von Blau und Gelb stellt einen Kontrast dar, der allerdings weniger intensiv ausfällt. Im Frühlingsgarten ist diese Farbzusammenstellung sehr häufig zu sehen, denn zu dieser Jahreszeit öffnen zahllose Zwiebelpflanzen und Stauden ihre blauen oder gelben Blüten: Sibirischer Blaustern (***Scilla siberica***) 🏆 und Schneestolz (***Chionodoxa luciliae***) 🏆 begleiten Wogen von Nar-

---

1 | Sibirische Schwertlilie (*Iris sibirica*) 'Ego'

2 | *Delphinium grandiflorum* 'Blue Butterfly'

3 | Balkan-Windröschen (*Anemone blanda*)

4 | Funkie (*Hosta*) 'Fragrant Blue'

1

2

3

4

zissen, und das gelb leuchtende *Epimedium × perralchicum* 🏆 steht neben dem himmelblau blühenden, halbimmergrünen Kaukasus-Gedenkemein (*Omphalodes cappadocica*) 🏆 (siehe Seite 113). Von einer solchen Zusammenstellung profitieren beide Farben – das Gelb rückt dabei in den Vordergrund, während das Blau zurücktritt.

Blau für den Garten

Hellblaue Blüten

- Blau-Lauch (*Allium caeruleum*) 🏆
- Gewöhnliche Texas-Amsonie (*Amsonia tabernaemontana*)
- Cusicks Prärielilie (*Camassia cusickii*)
- Zwerg-Glockenblume (*Campanula cochleariifolia*) 🏆

Mittelblaue Blüten

- Schmucklilie (*Agapanthus*) 'Headbourne Hybrids'
- Willmotts Hornnarbe (*Ceratostigma willmottianum*) 🏆 (siehe Seite 171)
- Sibirische Schwertlilie (*Iris sibirica*) 'Ego'
- Scheinmohn (*Meconopsis × sheldonii*)

Dunkelblaue Blüten

- Chinesischer Eisenhut (*Aconitum carmichaelii*) 'Arendsii' 🏆
- Italienische Ochsenzunge (*Anchusa azurea*) 'Loddon Royalist' 🏆 (siehe Seiten 125, 128)
- Indigolupine (*Baptisia australis*) 🏆 (siehe Seiten 133, 134)
- Frühlings-Enzian (*Gentiana verna*)
- Lungenkraut (*Pulmonaria*) 'Blue Ensign' (siehe Seiten 66, 98, 100)

Blaugrünes Blatt

- *Echeveria elegans* 🏆 (warm überwintern)
- *Eryngium × oliverianum* 🏆
- Blau-Schwingel (*Festuca glauca*) 'Blaufuchs'
- Blaustrahl-Wiesenhafer (*Helictotrichon sempervirens*) 🏆
- Blaublatt-Funkie (*Hosta sieboldiana*) 'Elegans' 🏆 (siehe Seite 113)

5 | Schmucklilie (*Agapanthus*) 'Headbourne Hybrids'

6 | Jungfer im Grünen (*Nigella damascena*) 'Miss Jekyll'

Blau im Schatten und in der Sonne

Besonders apart und intensiv präsentiert sich Blau an schattigen Standorten. Nur wenige Gärten sind groß genug, um Blaustern (*Scilla*) oder Hasenglöckchen (*Hyacinthoides*) in großem Stil zu ziehen, doch blaue Balkan-Windröschen (*Anemone blanda*) 🏆 oder niedrige Stauden wie das Kaukasus-Gedenkemein (*Omphalodes cappadocica*) 🏆 (A) unter einem Solitärbaum - etwa einer strahlenden Weißen Himalaya-Birke (*Betula utilis* var. *jacquemontii*) (B) - können auf kleinem Raum ähnliche Wirkung entfalten.

Direktes Sonnenlicht verleiht Blau einen rosigen bzw. leicht violetten Schimmer; an einem sonnigen Standort empfiehlt sich für diese Farbe daher die Gesellschaft harmonierender Rosa- und Malventöne. Hellblauer Ehrenpreis (*Veronica*) wie der Enzian-Ehrenpreis (*V. gentianoides*) 🏆 (C), rosa Storchschnabel (*Geranium*) und Iran-Lauch (*Allium aflatunense*) 🏆 (D) verbinden sich im Vordergrund einer Rabatte zu einer zarten Farbharmonie.

Grün

Die grünen Paradiese der gemäßigten Zonen vereinen in sich das intensive Dunkelgrün der Eibe (*Taxus*), das Mandelgrün austreibender Wolfsmilch (*Euphorbia*), das zarte Grün jungen Buchenlaubs (*Fagus*), das glänzende Schwarzgrün der Stechpalmen (*Ilex*), das goldbestäubte Grün sich entrollender Farnwedel und das leuchtende Grasgrün dichter Rasenflächen. Grün wirkt besänftigend und ausgleichend; sämtliche andere Farben hebt es vorteilhaft heraus. Zugleich stellt es eine Verbindung zwischen dem Garten und seiner Umgebung her.

Dunkles Grün rückt im Garten optisch in den Hintergrund, während sich Gelbgrün in den Vordergrund schiebt. Bei den Stauden dominiert mittelgrünes Laub, das weder sonderlich auffällig noch besonders unauffällig wirkt, stattdessen aber hervorragend zwischen anderen Farben vermittelt und so in der Gestaltung für den nötigen Zusammenhalt sorgt. Mittelgrün zeichnet sich durch seine Neutralität aus – weder tendiert es zur warmen Palette des Farbkreises mit Rot, Orange und Gelb noch zu den kühlen Blau- und Violettschattierungen. Aus eben diesem Grund stellt es den perfekten Puffer bei Farbkontrasten dar, die unseren Sinnen ohne diesen Dämpfer zu viel abverlangen würden. Selbst leuchtstarkes Rot, Magenta und Orange vertragen sich miteinander, sofern sich ausreichend Grün dazwischen mischt. So können Sie beispielsweise die Kombination von knallrotem Türkischem Mohn (*Papaver orientale*) 'Allegro' mit magentafarbenem Armenischem Storchschnabel (*Geranium psilostemon*) 🏆 und ziegelroter Nelkenwurz (*Geum coccineum*) wagen, denn zwischen die farbigen Blüten schiebt sich das kräftig sprießende mittelgrüne Laub der Stauden. Ein überwiegend in Grün gehaltener Garten kann äußerst apart wirken. Daher hat die Farbe für etliche Gartengestalter stark an Bedeutung gewonnen: Man betrachte nur die Staudenpflanzungen von Piet Oudolf oder die Gärten von Wolfgang Oehme und James van Sweden, in denen die Gestalter diverse Gräser zu subtilen Grünabstufungen arrangieren. Für eine weniger großflächige, überwiegend grüne Staudenpflanzung mit interessanten Textur- und Farbvariationen bieten sich grün blühende ***Helleborus***-Hybriden und -Sorten wie die Orientalische Nieswurz (***H. orientalis***) **'Hillier Hybrid Green'** sowie Purpurglöckchen (***Heuchera***) wie **'Key Lime Pie'** an. Durchsetzen Sie eine solche Pflanzung mit Funkien (***Hosta***), etwa der ausladenden Blaublatt-Funkie (***H. sieboldiana***) **'Elegans'** 🏆 (siehe Seite 113), sowie Farnen oder Gräsern wie der niedrigen ***Carex siderosticta*** oder der höheren Hänge-Segge (***C. pendula***). Schön wirkt auch auf sonnigen, trockenen Lagen das aufrechte, hellgrüne Mexikanische Fiedergras (***Nassella tenuissima***) mit seinen feinen, weich im Wind wogenden sommerlichen Blütenständen (siehe Seiten 176/177).

Die Hauptrollen werden im grünen Garten von den Texturen, Formen und Farbschattierungen der

Frischekur für Rabatten

Mit dem Fortschreiten des Sommers wirkt das Laub der Stauden und Gehölze zunehmend trüber. Es gibt jedoch etliche Stauden, die sich durch einen Rückschnitt nach der Blüte dazu animieren lassen, frisches Laub zu entwickeln – dazu zählen Storchschnabel (*Geranium*), Akelei (*Aquilegia*) und Katzenminze (*Nepeta*). Dieses neue Grün wirkt wie eine Verjüngungskur für die Rabatte und bildet einen schönen Rahmen für später blühende Stauden wie Erika-Aster (*Aster ericoides*) und Phlox (*Phlox*). Manche der zeitig zurückgeschnittenen Stauden reagieren sogar mit erneuter Knospenbildung.

1 | **Nieswurzhybride (*Helleborus*)**

2 | **Purpurglöckchen (*Heuchera*) 'Key Lime Pie'**

3 | **Pagoden-Hartriegel (*Cornus controversa*) 'Variegata'**

4 | **Mexikanisches Fiedergras (*Nassella tenuissima*)**

1

2

3

4

5

6

Weitere grüne Pflanzen

Grüne Blüten

- Weicher Frauenmantel (*Alchemilla mollis*) 🏆 (siehe Seite 151)
- Große Sterndolde (*Astrantia major*)
- Sumpf-Wolfsmich (*Euphorbia palustris*) 🏆
- *Euphorbia schillingii* 🏆 (siehe Seite 113)
- *Galtonia viridiflora*
- Spalier-Becherkätzchen (*Garrya elliptica*)
- Korsische Nieswurz (*Helleborus argutifolius*) 🏆
- Fackellilie (*Kniphofia*) 'Green Jade'
- *Paris polyphylla*
- Tulpe (*Tulipa*) 'Spring Green' 🏆

Glänzend grüne Blätter

- Gewöhnliche Haselwurz (*Asarum europaeum*, siehe Seite 187)
- Tarajo-Stechpalme (*Ilex latifolia*) und andere Stechpalmen
- Portugiesische Lorbeerkirsche (*Prunus lusitanica*) 🏆

Dramatischer Blattschmuck

- Stacheliger Akanthus (*Acanthus spinosus*) 🏆
- Schildblatt (*Darmera peltata*) 🏆
- Mammutblatt (*Gunnera manicata*) 🏆
- Gezähntes Schaublatt (*Rodgersia podophylla*) 🏆 (siehe Seite 70)

Grüne Farne

- Wald-Frauenfarn (*Athyrium filix-femina*) 🏆
- Europäischer Straußenfarn (*Matteucia struthiopteris*) 🏆 (siehe Seite 84)
- Gesägter Tüpfelfarn (*Polypodium interjectum*) 'Cornubiense' 🏆
- Borstiger Schildfarn (*Polystichum setiferum*) 🏆

Pflanzen übernommen. In diese Gestaltung gehören hellere und dunklere Grüntöne ebenso wie bläuliche und gelbliche Nuancen. Ein ganz schlichter, erquicklicher grüner Gartenraum entsteht z. B. mit hohen Hecken aus Europäischer Eibe (*Taxus baccata*) 🏆 als äußere Begrenzung und geometrischen Beeteinfassungen aus dem sogenannten

5 | Zier-Tabak (*Nicotiana*) 'Lime Green'

6 | Europäischer Straußenfarn (*Matteuccia struthiopteris*)

Grüne Blüten

Bei »Grün« denken wir an Triebe und Blätter, doch gibt es auch grüne Blüten. Diese bezaubern den Pflanzenkenner seit Jahrhunderten. Grüne Blüten sind gar nicht so selten, wie man denken möchte. Ein Klassiker ist die gefüllte Tee-Rose (*Rosa × odorata*) 'Viridiflora' (A) – so unauffällig ihre ungewöhnliche Blüte auch erscheint, sie findet eine unermüdliche Gefolgschaft. Die Blütenknospen des Gewöhnlichen Schneeballs (*Viburnum opulus*) 'Roseum' 🏆 (B) öffnen sich im zeitigen Frühjahr zart mandelgrün, um sich dann zu sahneweißen Blütenkugeln zu entwickeln. Später im Jahr besticht der Zier-Lauch (*Allium*) 'Mount Everest' (C) mit Blüten in gebrochenem Weiß mit grüner Mitte, die sich im Nu in attraktive grüne Samenstände verwandeln (weitere grüne Blüten siehe Kasten Seite 30).

Einfassungs-Buchs (***Buxus sempervirens***) **'Suffruticosa'** 🏆. Setzen Sie in jedes Einzelbeet als Blickfang eine als Hochstamm erzogene grünlaubige Gewöhnliche Stechpalme (***Ilex aquifolium***) **'J. C. van Tol'** 🏆. Im Frühling wird dieses Arrangement durch die Tulpe (***Tulipa***) **'Spring Green'** 🏆 und weiße Vergissmeinnicht (*Myosotis*) lebendig; für den Sommer bieten sich die Zinnie (***Zinnia***) **'Envy'** und der Zier-Tabak (***Nicotiana***) **'Lime Green'** 🏆 als Beetfüller an. Der kälteempfindliche Echte Honigstrauch (***Melianthus major***) 🏆 in großen Kübeln rundet das Bild mit attraktivem blaugrünem Laub ab.

Gelb

Nach Grün ist Gelb die Farbe, die Pflanzen am leichtesten herstellen können. Dies erklärt, warum sich im Frühjahr und Sommer derart viele gelbe Blüten in unseren Hecken, am Wegrand, in der Natur und den Gärten finden. Ein echtes Glücksgefühl durchströmt uns, wenn an einem feuchten Feldrain die ersten Schlüsselblumen (*Primula*) ihre Köpfe der Sonne entgegenrecken. Doch nicht jeder Gartenliebhaber mag sich für diese fröhlich leuchtende Farbe begeistern – manche Gärtner scheuen vor ihrer Intensität zurück.

In unseren nördlichen Breiten wirkt klares Gelb im Frühjahr und im Herbst am schönsten, da das sanfte Licht der relativ niedrig stehenden Sonne das Strahlen der Farbe mildert. Die höher stehende Sommersonne provoziert hingegen harte Schatten, neben denen die Farbe Gelb oft reichlich grell erscheint. Weiter im Süden, in der Mittelmeerregion, sieht es schon wieder ganz anders aus: Hier brennt die Sonne im Sommer so heiß, dass sämtliche Farben wie ausgeblichen erscheinen und gelbe Blüten gar nicht intensiv genug leuchten können. Die Primärfarbe Gelb ist derart kräftig, dass sie bei unvorsichtigem Gebrauch dezentere Farben dominiert und mit kräftigeren Farben nur zu leicht schreiend kontrastiert. Es kommt daher darauf an, geschickt die passende Nuance für die jeweilige Kombination auszuwählen. Dabei ist zu beachten, dass Gelb mit Orange und Rot harmoniert und die Komplementärfarbe von Violett ist. Der Kontrast zwischen kräftigen Blau- und Gelbtönen kann reichlich krass ausfallen; wer diese beiden Farben kombinieren will, tut gut daran, sattere Nuancen mit weniger stark gesättigten zu mischen.

Gelb in der Pflanzenwelt

Was Zwiebelpflanzen, Stauden und Gehölze mit gelben Blüten betrifft, haben wir heute wirklich die Qual der Wahl. Hinzu kommen gelb leuchtende Triebe, gelbbunt belaubte Gehölze sowie Bäume mit goldgelbem Herbstkleid. Häufig treibt das Laub vom ersten Moment an gelb aus, etwa bei der Robinie (***Robinia pseudoacacia***) **'Frisia'** 🏆, der leuchtend gelbgrünen Mexikanischen Orangenblume (***Choisya ternata***) **'Sundance'** (syn. 'Lich') 🏆 oder dem Tränenden Herz (***Dicentra spectabilis***) **'Gold Heart'**.
Im Winter erfreut uns die süß duftende Zaubernuss (***Hamamelis***). Eine der schönsten Vertreterinnen dieser Gattung ist die schwefelgelbe Hybrid-Zaubernuss (***H. × intermedia***) **'Pallida'** 🏆 (siehe Seite 186), ein attraktives Solitärgehölz für den winterlichen Garten. Eine der zeitigsten Blütenpflanzen des Jahres ist der Kleine Winterling (***Eranthis hyemalis***) 🏆. Er siedelt gern unter winterkahlen Gehölzen, wo man ihn sogar im Gras auswildern kann. Die dottergelbe Blüte mit ihrer glänzend grünen Halskrause ist ein willkommener spätwinterlicher Anblick (siehe Gute Pflanzpartner Seite 99 und Seite 187).
Schlüsselblumengelb fühlt sich am schnellsten im Garten zuhause, denn es passt gut zu frischgrünem Laub und kontrastiert hübsch mit den blauen Blüten der zahlreichen Zwiebelpflanzen und Stauden, etwa denen des Großblättrigen Kaukasusvergissmeinnichts (***Brunnera macrophylla***) 🏆 (siehe Seite 67). Mit hellem Zitronengelb betören die herabhängenden Blütenglöckchen der aufrecht wachsenden Chinesischen Scheinhasel (***Corylopsis sinensis***). Für sauren bis neutralen Boden gibt es kaum einen schöneren Frühlingsstrauch. Höchst attraktiv sind auch die seidenpapierartigen, ungefüllten Schalenblüten der Gelben Kaukasus-Pfingstrose (***Paeonia mlokosewitschii***) 🏆, die sich im ausklingenden Früh-

1 | Fackellilie (*Kniphofia*) 'Little Maid'

2 | Chinesische Scheinhasel (*Corylopsis sinensis*)

3 | Robinie (*Robinia pseudoacacia*) 'Frisia'

4 | Gelbe Kaukasus-Pfingstrose (*Paeonia mlokosewitschii*)

1

2

3

4

Gelbe Blüten

Frühjahr

- Gold-Lauch (*Allium moly*)
- *Doronicum* × *excelsum* 'Harpur Crewe' (siehe Seite 111)
- Kaiserkrone (*Fritillaria imperialis*) 'Maxima Lutea' 🏆
- Ranunkelstrauch (*Kerria japonica*) 'Golden Guinea' 🏆
- Gelbe Scheinkalla (*Lysichiton americanus*) 🏆
- *Magnolia* × *brooklynensis* 'Yellow Bird'
- Gelber Scheinlerchensporn (*Pseudofumaria lutea*)
- Hänge-Goldglocke (*Uvularia grandiflora*) 🏆 (siehe Seite 111)

Sommer und Herbst

- Waldrebe (*Clematis*) 'Bill MacKenzie' 🏆
- Rehders Waldrebe (*Clematis rehderiana*) 🏆
- Sonnenbraut (*Helenium*) 'Butterpat' 🏆
- Gewöhnliche Sonnenblume (*Helianthus annuus*)
- Großer Alant (*Inula magnifica*)
- Fackellilie (*Kniphofia*) 'Little Maid'
- Kambrischer Scheinmohn (*Meconopsis cambrica*)
- Brandkraut (*Phlomis russeliana*) 🏆
- Rose (*Rosa*) 'Graham Thomas' 🏆
- Sonnenhut (*Rudbeckia fulgida* var. *sullivantii*) 'Goldsturm' 🏆
- Gelber Goldkrokus (*Sternbergia lutea*)
- Kandelaber-Königskerze (*Verbascum olympicum*)

Spätwinter

- *Crocus* × *luteus* 'Golden Yellow' 🏆

Licht für dunkle Ecken

Pflanzen mit gelben Blüten und/oder Blättern sind ausgesprochen wertvoll, denn mit ihnen lassen sich dunkle Winkel, düstere Mauern und Schattenbereiche unter Bäumen aufhellen. Der bezaubernde hellgelbe Hundszahn (*Erythronium*) 'Pagoda' 🏆 (A) gedeiht gut auf frischem Boden unter Bäumen; besonders attraktiv wirkt er zu den marmorierten Blättern des Italienischen Aronstabs (*Arum italicum*) 'Marmoratum' 🏆 (siehe Seite 108).

Spektakulär glänzt am Teichrand die Sumpf-Dotterblume (*Caltha palustris*) 🏆 in Gesellschaft von Steifer Segge (*Carex elata*) 'Aurea' 🏆 (B) und Sumpf-Schwertlilie (*Iris pseudacorus*) 🏆.

Gelb gescheckte Efeusorten (*Hedera*) wie der großblättrige Kolchische Efeu (*H. colchica*) 'Sulphur Heart' 🏆 (C, exponierte kalte Standorte meiden) und der Gewöhnliche Efeu (*H. helix*) 'Gold Child' 🏆 bringen halbschattige Mauern zum Leuchten. Die Panaschierung ist allerdings in voller Sonne stärker ausgeprägt.

jahr zartgelb öffnen. Im Sommer tragen die hellgelben Blüten des Großen Schuppenkopfs (*Cephalaria gigantea*) auf bis zu 180 cm hohen Stängeln Licht in den Beethintergrund. Die schönste zartgelb blühende Staude jedoch ist unbestritten die Färber-Hundskamille (*Anthemis tinctoria*) 'E. C. Buxton'.

In der spätsommerlichen Rabatte steuern Sonnenblumen (*Helianthus*) und andere Korbblütler wie Sonnenhut (*Rudbeckia*) und Sonnenbraut (*Helenium*) kräftige Gelbnuancen bei. Schon als Solisten beeindrucken diese Großstauden, doch zu wahrer Höchstform laufen sie in Gesellschaft von Blüten in hellerem Gelb auf, denn die Farbabstufungen betonen die Unterschiede in Form und Textur und beleben so den Gesamteindruck. Wen es stattdessen nach exotischem Drama verlangt, der stellt seinen gelben Blüten rote und orangefarbene Nachbarn zur Seite.

5 | *Magnolia × brooklynensis* 'Yellow Bird'

Orange

Orange ist nichts für furchtsame Gemüter – es schreit nach Aufmerksamkeit wie ein lebhaftes, verzogenes Kind. »Schaut mich an!«, scheint diese Farbe zu fordern, die im Ruf steht, sich ungern unterzuordnen. Möglicherweise ist dies auch der Grund, warum wir derart emotional auf sie reagieren. Für den einen Gärtner ist sie aufgrund ihrer Wärme und Strahlkraft unentbehrlich; der andere würde sie niemals in Betracht ziehen, da sie die Blicke zu sehr auf sich lenkt.

Die Farbe Orange findet sich in der gesamten Pflanzenwelt, von den Blüten winziger Zwiebelgewächse bis hin zu Rinde, Geäst und Herbstlaub hoher Bäume. Zahllose Stauden und Einjährige schmücken sich mit orangen Blüten, und manche Sträucher bringen Beeren in dieser Farbe hervor, um im Herbst die Vögel unwiderstehlich anzuziehen. Diese lebhaft pulsierende Farbe begleitet uns durch das ganze Jahr.

Im Frühjahr ziehen die Hochblätter von Griffiths Wolfsmilch (***Euphorbia griffithii***) **'Dixter'** 🏆 alle Blicke auf sich, ebenso die majestätische Kaiserkrone (***Fritillaria imperialis***) **'Rubra Maxima'** (siehe auch Seite 73). Es gibt zudem zahlreiche frühe Tulpen (***Tulipa***), die in dieser Farbe blühen (siehe Kasten Seite 38). Nichts vertreibt die Wintermüdigkeit so rasch wie orangefarbene Tulpen in blauen Schalen – eine kleine farbliche Erinnerung an sonnenheiße Terrakotta-Terrassen am Mittelmeer. Im Sommer folgt das fröhliche Orange der Prinz-Boris-Nelkenwurz (***Geum × borisii***) im vorderen Beetbereich; später in der Saison übernehmen das elegante Blumenrohr (***Canna***) **'Wyoming'** 🏆 sowie die Sonnenbraut (***Helenium***) **'Moerheim Beauty'** 🏆 in leuchtendem Orange bis Kupferrot. Im Herbst begeistert uns das intensiv orangerote Laub von Sargents Eberesche (***Sorbus sargentiana***) 🏆 (siehe Seite 167), und die Lampionblume (***Physalis alkekengi***) 🏆 lässt ihre unübersehbaren papierartigen Fruchthüllen leuchten (siehe Seite 167). Im Winter schließlich glühen die orangen Triebe der Winter-Linde (***Tilia cordata***) **'Winter Orange'** und die kupfrige Rinde des Zimt-Ahorns (***Acer griseum***) 🏆 spektakulär im Licht der tief stehenden Sonne.

Kombinationen mit Orange

Reines, sattes Orange verlangt nach starken Partnern. Die Kombination mit den nah verwandten Farben Orangerot und Goldgelb schafft knisternde, energiesprühende Harmonien wie die Flammen eines lodernden Feuers. Harmonisch und voller Leben wirkt ein Arrangement aus gelben und roten Tulpen (*Tulipa*) mit orangen Artgenossen in der Mitte. Die Kombination von Orange und Blau hingegen, etwa Tagetes (*Tagetes*) in einem Meer aus einjährigem azurfarbenem Männertreu (*Lobelia erinus*), kann regelrecht schocken, da die beiden Komplementärfarben sich gegenseitig in der Wirkung verstärken.

Wer auf weniger starke Sinnesreize aus ist, mildert den Knalleffekt von reinem Orange, indem er ihm Bronze oder Elfenbeinweiß zur Seite stellt – dunklere bzw. hellere, ungesättigte Versionen derselben Farbe. Bronzefarbene Blüten sind schwer zu finden, doch es gibt etliche Pflanzen mit Laub in dieser Farbe, etwa den Fenchel (*Foeniculum vulgare*) 'Purpureum' oder auch Sorten des Purpurglöckchens (*Heuchera*), z. B. 'Ebony and Ivory' mit dunklem Laub und elfenbeinweißen Blüten. Auch das bronzefarbene Laub von Neuseelandflachs (*Phormium*) und Keulenlilie (*Cordyline*) stellt orange Blüten perfekt heraus.

Rotbraun und erdige Nuancen gesellen sich eben-

1 | Kaiserkrone (*Fritillaria imperialis*) 'Rubra Maxima'

2 | Lampionblume (*Physalis alkekengi*)

3 | Goldene Inkalilie (*Alstroemeria aurea*) mit Fackellilie (*Kniphofia*) 'Royal Standard'

4 | Zimt-Ahorn (*Acer griseum*)

1

2

3

4

falls hervorragend zu Orange. Viele Gräser zeichnen sich durch gelbliche, braune oder strohbleiche Halme und Blütenstände aus; ideale imposante Pflanzpartner für Orange sind das eindrucksvolle Riesen-Federgras (*Stipa gigantea*) 🏆 (siehe Seite 70 sowie Gute Pflanzpartner Seite 146) und das elegante Gartensandrohr oder Garten-Reitgras (*Calamagrostis × acutiflora*) 'Karl Foerster' (siehe Seite 83) mit seinen attraktiven, rosig bronzefarbenen Blütenwedeln.

Helles Orange, Apricot und andere ungesättigte Orangevarianten harmonieren anmutig mit Sahneweiß, Zartgelb und gelbstichigem Rosa. Die Blüten der Rose (*Rosa*) 'Gloire de Dijon' demonstrieren, wie gut diese Nuancen zusammenpassen: Kräftig pink geflammte, hellapricotfarbene Knospen erblühen zu kräftigerem Apricot, um schließlich cremefarben zu verblühen. Da die Knospen sich nicht alle gleichzeitig öffnen, sind zeitweise sämtliche Farben gleichzeitig vertreten, und doch ist der Gesamteindruck harmonisch.

5 | Schafgarbe (*Achillea*) 'Terracotta'

6 | Tulpe (*Tulipa*) 'Daydream'

Frühe Tulpen (*Tulipa*)

- 'Ballerina' 🏆: Lilienblütige Tulpe in Orange, Rot und Gelb
- 'Daydream' 🏆: orangegelbe Blüte
- 'Generaal de Wet': duftende, frühe orange Tulpe
- *T. linifolia* 'Bronze Charm': Blüte in zartem Gelborange mit Bronzehauch
- 'Orange Emperor' 🏆: Schalenblüte in Mandarinorange
- 'Orange Favourite': Papageientulpe mit orangen, grün gezeichneten Blütenblättern
- 'Oranje Nassau' 🏆: gefüllte, tiefrot überlaufene orange-rote Blüte
- 'Prinses Irene' 🏆 (unten): orange, matt pflaumenfarbig geflammte Blüte

Spätsommerkombination

Als farbstarke spätsommerliche Kombination von Orange, Rot und Braun präsentieren sich die Garten-Montbretie (*Crocosmia × crocosmiiflora*) 'Solfatare' 🏆 mit Blüten in hellem Orange zu Blattwerk mit bronzefarbenen Spitzen und die Schopf-Fackellilie (*Kniphofia uvaria*) 'Nobilis' 🏆 mit hoch aufragenden Blütenkerzen in sattem Orange und Gelb. Die Dahlie (*Dahlia*) 'Bishop of Llandaff' 🏆 (A) steuert dazu blutrote Blüten und rotviolettes Laub bei. Als attraktive Ergänzung bieten sich zwei Sonnenbrautsorten (*Helenium*) an: 'Moerheim Beauty' 🏆 blüht kräftig kupferrot mit braunem Auge, 'Waltraut' (B) goldbraun mit braunem Auge.

Orange Blüten

- Schafgarbe (*Achillea*) 'Terracotta'
- Schafgarbe (*Achillea*) 'Walther Funcke' (siehe Seite 147)
- Goldene Inkalilie (*Alstroemeria aurea*)
- Blumenrohr (*Canna*) 'Striata' 🏆
- Bastard-Blasenstrauch (*Colutea × media*)
- Gold-Krokus (*Crocus flavus*) 🏆
- Dahlie (*Dahlia*) 'Ellen Huston' 🏆
- Roter Schmetterlingsingwer (*Hedychium coccineum*) 'Tara' 🏆
- Sonnenröschen (*Helianthemum*) 'Henfield Brilliant' 🏆
- Taglilie (*Hemerocallis*) 'Indian Paintbrush'
- Fackellilie (*Kniphofia*) 'Royal Standard' 🏆
- Lilie (*Lilium*) 'Fire King'
- Kambrischer Scheinmohn (*Meconopsis cambrica*)
- Fingerkraut (*Potentilla*) 'William Rollison' 🏆

Rot

Rot ist eine quicklebendige Farbe. Unsere Sprache wimmelt von Metaphern, in denen dieses Farbwort für starke Emotionen steht: Wir sprechen vom provozierenden »roten Tuch«, von »rot sehen« und »Alarmstufe Rot«. Rot ruft unweigerlich eine Reaktion hervor – es lässt unseren Blick nicht los. Im Garten ist daher bei seiner Verwendung entsprechende Vorsicht geboten. Allerdings wirkt Rot so aufmunternd, bereichernd und lebendig wie keine andere Farbe.

Wenn wir etwas als »rot« bezeichnen, klingt dies, als sei die Farbe eindeutig festgelegt. Tatsächlich jedoch gibt es zwei ganz unterschiedliche Gruppen von Rottönen: warmes Rot, das zu Orange tendiert – hierzu zählen Blutrot und Zinnoberrot –, und kaltes Rot, das zu Violett tendiert – hierzu gehören beispielsweise Karmesinrot, Kirschrot und Magenta. Mischt man beide Rotgruppen, so entsteht ein stimulierendes Miteinander; allerdings kann die Wirkung auch dissonant sein, wenn etwa Pink neben Blutrot und Zinnoberrot zu stehen kommt.

Gestaltung ganz in Rot

Rot und Grün sind Komplementärfarben – eine Rabatte in kräftigem Rot und Grün garantiert daher höchste Spannung. Weniger eindringlich wirkt klares Rot in Verbindung mit dunkleren Rotnuancen und bronze- oder kupferfarbenem Laub – eine besonders vielschichtige Farbmodulation. An manchen Pflanzen findet sich beides zugleich: Mit roten Blüten und dunklem Laub warten z. B. die Dahlie (*Dahlia*) **'Bishop of Llandaff'** 🏆 (siehe auch Seite 39) und die Bart-Nelke (*Dianthus barbatus*) **'Nigrescens'** 🏆 auf, zwei für eine solche Gestaltung besonders wertvolle Sorten.
Klares Rot wirkt am schönsten, wenn man es aus der Nähe betrachtet, denn diese Farbe schluckt mehr Licht, als sie reflektiert. Soll eine kräftig rote Rabatte über einen langen Zeitraum mit Farbe prunken, sind neben frostempfindlichen Stauden sowie Ein- und Zweijährigen auch winterharte Stauden nötig. Ein verlässlicher Frühsommerblüher ist der Türkische Mohn (*Papaver orientale*), etwa in den blutroten Sorten **'Türkenlouis'** und **'Beauty of Livermere'**. Über einen langen Zeitraum, vom Früh- bis zum Spätsommer, blüht das Fingerkraut (*Potentilla*) **'Gibson's Scarlet'** 🏆. Schirmartig zusammengefasste winzige Blütensterne öffnet die Brennende Liebe (*Silene chalcedonica*) 🏆 im Hochsommer, und die höchst dramatischen orange-roten Blütenstände der Fackellilie (*Kniphofia*) **'Prince Igor'** sind in der ganzen ersten Herbsthälfte unübersehbar. Andere Pflanzen, die vom Hochsommer bis zum ersten kräftigen Frost rot blühen, sind Dahlien (*Dahlia*), beispielsweise **'Zorro'** 🏆 und **'Scarlet Comet'**, Blumenrohr (*Canna*) wie **'Rosemond Coles'** und **'Endeavour'** sowie frostempfindliche Salbeiarten (*Salvia*) wie der Kardinals-Salbei (*S. fulgens*) 🏆 und *S.* × *jamensis*. Mit leuchtend orangeroten Trieben wartet im Winter die Silber-Weide (*Salix alba*) **'Britzensis'** 🏆 auf.

Kombinationen mit Rot

In einer mehrfarbigen Rabatte ziehen größere Flecken in sattem oder hellem Rot unwiderstehlich die Blicke auf sich und bringen so die Gestaltung aus dem Gleichgewicht. Hier empfiehlt es sich, das Rot in Gestalt kleiner Farbtupfer über die ganze Pflanzung zu verteilen, wie Monet es auf seinen Gemälden von Mohnfeldern tat. Ideal für diesen Zweck sind Nelkenwurz (*Geum*) **'Mrs J. Bradshaw'** 🏆 und Fingerkräuter (*Potentilla*) wie Blutrotes Fingerkraut (*P. atrosanguinea*), *P.* **'Gibson's Scarlet'** 🏆 und Gewöhnlicher Fingerstrauch (*P. fruticosa*) **'Red Ace'**.

1 | Tulpe (*Tulipa*) 'World's Favorite'

2 | Fingerkraut (*Potentilla*) 'Gibson's Scarlet'

3 | Silber-Weide (*Salix alba*) 'Britzensis'

4 | Fächer-Ahorn (*Acer palmatum*) 'Fireglow'

1

2

3

4

Belebend leuchten Blutrot und Zinnobertöne in Kombination mit Orange und Gelb. Mischt man dagegen bläuliches Rot mit dunkleren Farben wie sattem Tiefblau, Violett, Purpur und Indigo oder aber mit Goldgelb, Kupfer, Bronze und Braun, so wäre der Effekt selbst in einem barocken venezianischen Palazzo nicht fehl am Platz. Bei einer derart starken Zusammenstellung, die vor allem darauf abzielt, die Farben zu einem Gesamteindruck zu verschmelzen, sind Weiß, Gelb, Orange und Pastelltöne zu meiden, denn sie würden zu sehr hervorstechen. Empfehlenswert sind dagegen purpurrote Rosen (*Rosa*) wie **'William Lobb'** 🏆 und **'Charles de Mills'** 🏆, die rotviolett belaubte Thunbergs Berberitze (***Berberis thunbergii***) **'Atropurpurea Nana'** 🏆 und die dunkelrot blühende Sterndolde (***Astrantia***) **'Hadspen Blood'**, dazu Chinesischer Eisenhut (*Aconitum carmichaelii*) 'Arendsii' 🏆 mit Blüten in dunklem Indigo sowie – als herausragende Persönlichkeit – der meerblaue Rittersporn (*Delphinium*) 'Blue Nile' 🏆.

5 | Türkischer Mohn (*Papaver orientale*) 'Beauty of Livermere'

6 | Bartfaden (*Penstemon*) 'Port Wine'

Rote Frühjahrsblüher

Rote Blumen sieht man im Frühling recht selten. Es gibt jedoch mehrere Zierquitten (*Chaenomeles × superba*), die sich zeitig im Jahr mit roten Blüten schmücken. 'Crimson and Gold' 🏆 (unten) erblüht dunkelrot mit gelben Staubgefäßen, und 'Nicoline' 🏆 trägt blutrote Blüten. Auch die Tulpenzüchter erweitern das Sortiment um immer mehr rote Sorten; allerdings wird es keine Zuchtform so bald mit der eleganten Wildtulpe *Tulipa sprengeri* 🏆 aufnehmen können.

Rotes Laub

Rotes Laub ist in der Natur eher eine Seltenheit. Dunkelrot belaubt präsentieren sich die Sorten 'Fireglow' und 'Bloodgood' 🏆 (siehe Seite 164) des Fächer-Ahorns (*Acer palmatum*). Blutrot ist der junge Austrieb einiger Sorten der Lavendelheide (*Pieris*) und der Glanzmispel (*Photinia*) sowie der der Traubenheide (*Leucothoe*) 'Zeblid' (syn. 'Scarletta'). Wesentlich zahlreicher sind dagegen die Gehölze, die sich im Herbst in Rottöne kleiden. Unübersehbar ist beispielsweise das scharlachrote Gewand des Flügel-Spindelstrauchs (*Euonymus alatus*) und das Herbstlaub diverser Sorten des Rot-Ahorns (*Acer rubrum*, siehe Seite 163).

Rote Blüten

Warmes Rot

- Blumenrohr (*Canna*) 'Assaut'
- Montbretie (*Crocosmia*) 'Lucifer' 🏆 (siehe Seite 142)
- Lobelie (*Lobelia*) 'Cherry Ripe'
- Türkischer Mohn (*Papaver orientale*) 'Ladybird'
- Rose (*Rosa*) 'Frensham'
- Kardinals-Salbei (*Salvia fulgens*) 🏆
- Tulpe (*Tulipa*) 'World's Favorite'

Kaltes Rot

- Wiesen-Schafgarbe (*Achillea millefolium*) 'Cerise Queen'
- Balkan-Windröschen (*Anemone blanda*) 'Radar' 🏆
- Große Engelwurz (*Angelica gigas*, siehe Seite 77)
- Rote Spornblume (*Centranthus ruber*) 'Coccineus'
- Waldrebe (*Clematis*) 'Abundance' 🏆
- Armenischer Storchschnabel (*Geranium psilostemon*) 🏆
- Bartfaden (*Penstemon*) 'Port Wine' 🏆
- Weigelie (*Weigela*) 'Bristol Ruby'

Rosa

Die Farbe Rosa weckt unterschiedliche Assoziationen – mädchenhafte Unbeschwertheit kommt in den Sinn, strahlende Abendwolken, bunte Zuckerwatte, die ersten Ballettschuhe. Doch damit noch längst nicht genug: Helles Rosé suggeriert Unschuld und Reinheit, sprödes Magenta und zuckersüßes Neonpink hingegen sind grelle, durchsetzungsfähige Nuancen, die mit zartem Babyrosa kaum noch verwandt erscheinen.

Rosa wird nur zu gern als »simple« Farbe angesehen, denn man erhält es durch Vermischen von Rot und Weiß. Tatsächlich aber ist die Zusammensetzung der verschiedenen Rosanuancen sehr komplex. Sie gehören zu zwei unterschiedlichen Gruppen: Rosé in seinen Varianten leitet sich von warmen Rottönen her, während die zahlreichen Variationen von Pink auf kalten Rottönen basieren (siehe Seiten 40–43). Warme lachsrosa Töne entstehen, wenn Blutrot, Zinnoberrot oder Orangerot mit Weiß gemischt werden. Pink hingegen enthält mehr oder weniger starke Blauanteile – Ausgangstöne sich Karmesin, Karminrot und Kirschrot. Wir unterscheiden wesentlich mehr kühle Pinkvarianten als warme Rosétöne. Beide Farbgruppen finden sich beim Fingerhut (***Digitalis***): kräftiges Rosarot beim Roten Fingerhut (***D. purpurea***) und warmes Braun-Rosa in den Blüten von ***D. × mertonensis*** 🏆. Warmes Hellrot mit hohem Gelbanteil stufen wir oft eher als Apricot oder Hellorange ein denn als Rosa. Dies sind die einzigen Rosanuancen, die gut mit Zartgelb harmonieren – dafür sorgen die gelben Untertöne. Die Kletterrose (***Rosa***) **'Albertine'** blüht in sanftem Rosa mit einer Andeutung von Apricot; die kupfrig rosigen Blüten der Königskerze (***Verbascum***) **'Helen Johnson'** erscheinen in manchem Licht sogar gelbbraun.

Wer sich mit Farbverwendung auskennt, rät üblicherweise davon ab, Rosé und Pink zu Nachbarn zu machen, da sie sich nicht vertragen. Interessanterweise scheint sich jedoch die Farbe mancher rosa Blüten in Abhängigkeit von den Lichtverhältnissen oder von ihren Pflanzpartnern von Pink nach Rosé zu verschieben. Am häufigsten ist dies im goldenen Licht der Abendsonne zu beobachten. In einer rosa Farbstimmung kombinieren Sie kühles Pink mit Blau, Violett und Weiß, warmes Rosé hingegen mit Apricot und Gelbgrün.

Rosa für jede Jahreszeit

Es gibt zahllose rosa blühende Pflanzen, von denen manche sogar wahlweise sonnig oder schattig stehen können. Hell- bis dunkelrosa fallen die Blüten diverser Nieswurzen (*Helleborus*) aus, einer Gattung, die generell schattige Waldsituationen bevorzugt (siehe Seite 190).

Rosa findet sich zu jeder Jahreszeit: Im Winter erfreuen uns unterschiedlich intensiv getönte zierliche Vorfrühlings-Alpenveilchen (***Cyclamen coum***) 🏆 sowie immergrüne und winterkahle Arten des Schneeballs (***Viburnum***) mit hübschen rosa Blüten. Im Frühling öffnen Tulpen (***Tulipa***) ihre Knospen in Nuancen von hellstem Pink bis hin zu unübersehbarem Magenta. Der Sommer bringt eine reiche Palette an Rosatönen, wobei sich winzige Steingartenpflanzen ebenso wie hohe Prachtstauden an der Show beteiligen. Im Herbst setzen Spätblüher wie Herbst-Anemonen (***Anemone hupehensis***) und Japanische Herbst-Anemonen (***A. hupehensis*** **var.** ***japonica***) die Vorstellung fort (siehe Seiten 168 und 173), und diverse Dostarten (***Origanum***) öffnen bis zum ersten Frost immer wieder neue rosaviolette Blüten.

---

1 | *Digitalis × mertonensis*

2 | Storchschnabel (*Geranium*) 'Ballerina'

3 | Vorfrühlings-Alpenveilchen (*Cyclamen coum*)

4 | Bodnant-Schneeball (*Viburnum × bodnantense*) 'Charles Lamont'

1

2
3

4

Nichts als Rosa

Angesichts der reichen Auswahl ist die Verführung groß, ein Beet ganz in Rosa anzulegen. Eine Beschränkung auf eine einzige Nuance wäre allerdings langweilig - variieren Sie daher die Schattierungen und die Farbintensität und sorgen Sie für abwechslungsreiche Textur, Blüten- und Wuchsformen. Für eine kleine Fläche empfiehlt sich jedoch ein anderer Ansatz: Kombinieren Sie hier unterschiedliche Rosavarianten einer einzigen Zierpflanze. Geeignete Kandidaten sind beispielsweise Doppelhörnchen bzw. Elfensporn (*Diascia*) und Eisenkraut (*Verbena*).

Sehr wirkungsvoll ist im Frühsommer die magentafarbene Byzantinische Siegwurz (*Gladiolus communis* ssp. *byzantinus*) in Kombination mit Armenischen Storchschnabel (***Geranium psilostemom***) 🏆, durchsetzt mit den zerknitterten, hellrosa Blüten des Türkischen Mohns (***Papaver orientale***) **'Cedric Morris'** 🏆. Eine schöne Ergänzung sind dazu die über einen langen Zeitraum erscheinenden hübschen zartrosa Blütensterne der Berg-Flockenblume (***Centaurea montana***) **'Carnea'**. Ein üppiger Saum aus Nickendem Lauch (***Allium cernuum***) mit zart bis kräftig rosa Blütenbüscheln und Storchschnabel (***Geranium***) **'Ballerina'** 🏆 vervollkommnet das Bild.

5 | *Rhododendron* Loderi Grp.

Rosa Rosen (*Rosa*)

Viele Wild- und Gartenrosen tragen Blüten in herrlichen Rosatönen. Zartes Pink finden wir in den ganz einfachen Blüten der Hunds-Rose (*R. canina*) ebenso wie bei der gefüllten Essig-Rose (*R. gallica*) 'Duchesse de Montebello' 🏆. Von wärmerem Farbton sind die gefüllten, leuchtenden Blüten der überhängend rankenden Sorte 'Raubritter' (A). Die Hundertblättrige Rose (*R. × centifolia*) 'Cristata' 🏆 schmückt sich mit Blüten in kräftigem Silberrosa, die Bodendeckerrose 'Ballerina' 🏆 (B) blüht hellrosa mit sehr stark aufgehellter Mitte, und die halbgefüllte Sorte 'Plena' der Nutka-Rose (*R. nutkana*) von der nordamerikanischen Westküste besticht mit kräftigem blaustichigem Pink mit einem Hauch Flieder. Wunderschönes Purpurmagenta finden wir in den Blüten von 'Charles de Mills' 🏆.

A

B

Rosa Blüten

Frühjahr

- Europäischer Hundszahn (*Erythronium dens-canis*) 🏆
- Tulpen-Magnolie (*Magnolia × soulangeana*) 'Lennei' 🏆
- Rhododendron (*Rhododendron*) Loderi Grp. 🏆 (siehe Seiten 120/121)
- Tulpe (*Tulipa*) 'China Pink' 🏆

Sommer

- *Astrantia maxima* 🏆
- Fiederblättriges Schmuckkörbchen (*Cosmos bipinnatus*)
- Doppelhörnchen (*Diascia*) in Sorten
- Storchschnabel (*Geranium*) 'Ann Folkard' 🏆
- Kronen-Lichtnelke (*Silene coronaria*) 🏆
- Weigelie (*Weigela*) 'Florida Variegata' 🏆

Herbst

- Herbst-Anemone (*Anemone hupehensis*) 'Hadspen Abundance' 🏆
- Herbst-Zeitlose (*Colchicum autumnale*) 🏆 (siehe Seite 175)
- Herbst-Alpenveilchen (*Cyclamen hederifolium*) 🏆
- Purpur-Wasserdost (*Eupatorium purpureum*)
- Blumen-Dost (*Origanum laevigatum*) 'Herrenhausen' 🏆 (siehe Seite 85)
- Stauden-Phlox (*Phlox paniculata*) 'Mother of Pearl' 🏆

Winter

- Vorfrühlings-Alpenveilchen (*Cyclamen coum*) 🏆
- Schnee-Heide (*Erica carnea*) 'King George'
- Bodnant-Schneeball (*Viburnum × bodnantense*) 'Charles Lamont' 🏆
- Duftender Schneeball (*Viburnum farreri*) 🏆 (siehe Seite 184)

Violett

Violett und Purpur sind die prunkvollsten, intensivsten Farben, die dem Gärtner zur Verfügung stehen. Die dunkleren Nuancen erinnern an kaiserliche Pracht und Überfluss; sie wecken eher Ehrfurcht denn Entzücken. Überhaupt haftet der Farbe Violett, die am Rande des Regenbogens liegt, etwas Geheimnisvolles an: Ihr direkter Nachbar, das Ultraviolett, wird vom menschlichen Auge schon nicht mehr wahrgenommen, und so scheint sie direkt ins Nichts überzugehen.

Violett tendiert wie alle kalten Farben dazu, sich in den Hintergrund zurückzuziehen. Inmitten von Grün kann man es leicht aus dem Auge verlieren, und durch auffälligere Farben wird es vollkommen in den Schatten gestellt. Der gewitzte Gärtner beugt dem vor, indem er Violett von anderen Farben fernhält und es in Massen verwendet.

Violett verliert seine Identität, sobald es neben einer anderen Farbe steht. Neben Rot wirkt es lila, und neben Blau erscheint es als intensives Dunkelblau. Fügt man Schwarz hinzu, so wirkt es düster, ja geradezu melancholisch. Dies ist wahrscheinlich auch der Grund, warum Violett oft mit Tod und Trauer assoziiert wird. Gerade diese seelenvolle Stimmung kann sich der Gärtner bei der Gestaltung eines meditativen Gartens zunutze machen. Ganz anders präsentieren sich Flieder und Lavendel (zwei ungesättigte Violettnuancen) und blaustichiges Mauve. Fügen Sie diese zurückhaltenden Farbvarianten einer Kombination von Rosa und Blau hinzu, um eine ruhige, subtile Harmonie zu erzeugen. Vor allem im Hochsommer ergibt sich dafür reichlich Gelegenheit. Der einzige Nachteil dieser helleren Farbtöne liegt darin, dass man sie recht leicht übersieht, denn die Tendenz von Violett, mit dem Hintergrund zu verschmelzen, ist bei ihnen noch stärker ausgeprägt. So ist es manchmal besser, die ungesättigten Varianten von Violett und Purpur mit nah verwandten Farben zu kombinieren, durch die sie nicht übertönt werden. Denken Sie immer daran, dass bei dieser Farbgruppe große Farbflächen nötig sind, um einen Eindruck zu hinterlassen. Das gilt besonders für Lavendel, die Hauptzutat des romantischen Gartens – pflanzen Sie ihn in großzügigen Gruppen oder als Hecke.

Satte Farbwirkung

Welten liegen zwischen der prachtvollen farbsatten Wirkung einer Kombination aus Dunkelviolett, Purpur und Magentatönen und den sanften Harmonien von Pastelltönen. Violett und Purpur dämpfen feuriges Rot; zugleich verleihen die dunkleren Farben der Gestaltung Tiefe. Ein solcher Effekt lässt sich beispielsweise mit mehreren Waldreben (***Clematis***) erzielen, die gemeinsam an einer Wand oder durch einen Strauch ranken und gleichzeitig blühen. Ein ideales Klettergerüst für dunkelviolette und purpurfarbene spät blühende Waldreben ist der Himalaya-Indigostrauch (***Indigofera heterantha***) 🏆.

Violett und Gelb sind Komplementärfarben; pflanzt man sie zusammen, so ist ein kräftiger Kontrast garantiert, der die Wirkung beider Farben verstärkt. Stellen Sie sich nur einmal wilde Schlüsselblumen (*Primula*) und Veilchen (*Viola*) an einem Feldrain vor – schon haben Sie das passende Bild vor Augen. Da sich in einer solchen Kombination das Gelb in den Vordergrund drängt, während das Violett in den Hintergrund rückt, ist für eine ausgewogene Gestaltung wesentlich mehr Violett als Gelb nötig. Eine schöne, im Frühsommer auftrumpfende Kombination wäre z. B. eine Teichrandbepflanzung mit großzügig verwendeter Sibirischer Schwertlilie (***Iris sibirica***) **'Caesar's Brother'** und Trollblumen (*Trollius*) 'Lemon Queen' als Akzent.

---

1 | Gewöhnlicher Flieder (*Syringa vulgaris*) 'Katherine Havemeyer'

2 | *Clematis* × *jackmanii* 'Superba'

3 | *Allium* 'Globemaster'

4 | Spanischer Salbei (*Salvia lavandulifolia*)

1

2

3

4

Düstere Kombinationen

Nahezu schwarz blühen die Tulpen (*Tulipa*) 'Queen of Night' (siehe Seite 21) und 'Black Hero'. Großzügig unter fliederfarbenen Schöterich (*Erysimum*) gemischt, ergeben sie einen wunderbar ruhigen Rahmen für einen Sitzplatz in einem kleinen Garten. In einer größeren Anlage könnte dasselbe Arrangement als Wegziel locken. Geben Sie dem Pfad dorthin ein Geleit aus dunkelvioletten Schwertlilien (*Iris*). Niedriger Lavendel wie Echter Lavendel (*Lavandula angustifolia*) 'Hidcote' 🏆 (rechts) wäre ein weiterer schöner, im Hochsommer betörend duftender Wegbegleiter. *Iris* 'Blackout' blüht in dunkelstem Violett; dazu passt die nahezu schwarze 'Dusky Challenger' mit gerüschten Hängeblättern und feinem Duft.

5 | Bartfaden (*Penstemon*) 'Alice Hindley'

6 | Blauer Phlox (*Phlox divaricata*)

Violett im Pflanzenreich

Kräftiges bis dunkles Violett

- Iran-Lauch (*Allium aflatunense*) 'Purple Sensation' 🏆
- *Allium* 'Globemaster' 🏆
- Schönfrucht (*Callicarpa bodinieri* var. *giraldii*) 'Profusion' 🏆 (siehe Seite 170)
- *Clematis* × *jackmanii* 'Superba'
- Kahle Steife Scheinbeere (*Gaultheria mucronata*) 'Mulberry Wine' 🏆
- Sibirische Schwertlilie (*Iris sibirica*) 'Ruffled Velvet' 🏆
- Echter Lavendel (*Lavandula angustifolia*) 'Hidcote' 🏆
- Bartfaden (*Penstemon*) 'Purple Bedder'
- Stauden-Phlox (*Phlox paniculata*, siehe Seite 83)
- Rhododendron (*Rhododendron*) 'Purple Splendour' 🏆
- Hain-Veilchen (*Viola riviniana*) Purpurea Grp.

Helles Violett

- Sternkugel-Lauch (*Allium christophii*) 🏆
- Berg-Aster (*Aster amellus*) 'King George' 🏆
- Indigolupine (*Baptisia australis*) 🏆 (siehe Seiten 133 und 134)
- Gefranste Schwertlilie (*Iris japonica*) 'Variegata' 🏆
- Bartfaden (*Penstemon*) 'Alice Hindley' 🏆 (siehe Seiten 89 und 141)
- Bartfaden (*Penstemon*) 'Stapleford Gem' 🏆 (siehe Seite 141)
- Blauer Phlox (*Phlox divaricata*)
- Himmelsleiter (*Polemonium*) 'Lambrook Mauve' 🏆
- Spanischer Salbei (*Salvia lavandulifolia*)
- Gewöhnlicher Flieder (*Syringa vulgaris*) 'Katherine Havemeyer' 🏆
- Japanischer Blauregen (*Wisteria floribunda*)

Feine Harmonien

Zahlreiche violett blühende Storchschnabelsorten (*Geranium*) sind eine wunderbare Ergänzung für rosa-blaue Farbharmonien. In sonniger Lage bietet sich der gefüllte Wiesen-Storchschnabel (*G. pratense*) 'Plenum Violaceum' 🏆 (siehe Seiten 65 und 133) gemeinsam mit *G.* 'Ballerina' 🏆 (siehe Seite 45) und Horn-Veilchen (*Viola cornuta*) 🏆 als charmantes Weggeleit an. Eine schöne Sommerkombination wäre *G. pratense* 'Mrs Kendall Clark' 🏆 zu rosa Rosen (*Rosa*), duftigem *Thalictrum delavayi* (rechts) und Rittersporn (*Delphinium*) 'Lord Butler' 🏆, dessen halbgefüllte mittelblaue Blüten eine Andeutung von Violett im Schlund tragen.

Weiß

Weiß suggeriert Reinheit und Schlichtheit, Leichtigkeit, Ordnung und Romantik. Mit Staunen betrachten wir das vom Neuschnee verzauberte Land, und begeistert entdecken wir an einem kalten Wintermorgen die ersten Schneeglöckchenspitzen. Der elegante »weiße Garten« fasziniert uns schon so lange, dass er fast zum Klischee geraten ist, und doch bezaubert uns weiterhin das Weiß der Natur, denn es wirkt nicht nur allein wunderbar, sondern lässt sich hervorragend mit anderen Farben kombinieren.

Unserer Leidenschaft für die Farbe Weiß können wir im Garten mühelos frönen, denn sie findet sich an unzähligen Bäumen und Sträuchern, bei Stauden, Zwiebelpflanzen, Gräsern und Steingartenpflanzen wieder. Es gibt nicht nur zahllose Pflanzen mit weißen Blüten, sondern auch etliche mit weißen Trieben oder Samenkapseln oder mit hell panaschiertem Laub. Die Weiße Himalaya-Birke (***Betula utilis*** **var.** ***jacquemontii***) ist ein Baum mit unübersehbar strahlender Rinde (siehe Seiten 27 und 183). Jede Jahreszeit hat Weißes zu bieten – auf die Schneeglöckchen (***Galanthus***) des Winters folgen im Frühjahr zahlreiche Zwiebelpflanzen und Waldstauden, darunter die Anemonen (*Anemone*), und im Herbst beschließen weiße Früchte wie die der Himalaya-Eberesche (***Sorbus cashmiriana***) 🏆 und der dekorativen Gewöhnlichen Schneebeere (***Symphoricarpos albus***) den Reigen (beide siehe Seite 172).

Die Bezeichnung »weiß« wenden wir relativ freizügig an, nämlich auch auf sehr helles Beige oder auf rosig oder bläulich überhauchtes Weiß. Wer reines Weiß sucht, der findet dies bei der Madonnen-Lilie (***Lilium candidum***) 🏆. Bereits die Tulpen (***Tulipa***) **'Purissima'** 🏆 (siehe Seite 110) und **'White Parrot'** erscheinen eher elfenbeinfarben, und die Blüten von Clarkes Storchschnabel (***Geranium clarkei***) **'Kashmir White'** 🏆 wirken durch ihre feine violette Aderung schon aus geringer Entfernung gräulich rosa.

Die Farbe Weiß strahlt in jeder Umgebung unübersehbar; große weiße Blüten dominieren daher jedes Farbschema. In einem überwiegend grünen Garten mag genau dies die beabsichtigte Wirkung sein, doch in Verbindung mit anderen Farben sind kleinere weiße Blüten zu bevorzugen, da diese weniger stark auffallen und den Rhythmus und die Ausgewogenheit der Gestaltung nicht stören. Im Frühsommer erfüllen Schleierkraut (***Gypsophila paniculata***) **'Bristol Fairy'** 🏆 und Meerkohl (***Crambe cordifolia***) 🏆 (siehe Seite 129) diese Aufgabe hervorragend; für spätsommerliche Auflockerung streuen Sie beispielsweise in Abständen ***Gaura lindheimeri*** 🏆 ein, die sich mit langen, grazilen Blütenständen schmückt.

Die Große Sterndolde (***Astrantia major***) mit ihren Blüten in gebrochenem Weiß ist von einer solchen Leichtigkeit, dass sie ein idealer Pflanzpartner ist. Diese Staude ist außerdem eine ganz besonders dankbare Pflanze, denn sie treibt bis zum Herbst verlässlich neue Knospen, sofern Abgeblühtes regelmäßig ausgeschnitten wird.

Besonders in düsteren, schattigen Gartenbereichen profitieren wir von ätherischen, Licht reflektierenden weißen Blüten, denn sie sind verlässliche Stimmungsaufheller. Ihre Leuchtkraft ist so stark, dass wir sie sogar bei Mondlicht wahrnehmen. Machen Sie sich diese Eigenschaften zunutze, indem Sie weiße Einjährige wie Kosmeen (***Cosmea***), Zier-Tabak (***Nicotiana***) und Löwenmäulchen (***Antirrhinum***) überall dort pflanzen, wo öfter einmal jemand vorbeigeht oder sich hinsetzt – entlang des Weges, im Vorgarten oder neben einer Gartenbank. Geschickt platzierte weiße Blüten verwandeln den Garten an einem lauen Sommerabend in ein mysteriöses Feenreich.

---

1 | Weiße Himalaya-Birke (*Betula utilis* var. *jacquemontii*)

2 | Tulpe (*Tulipa*) 'White Triumphator'

3 | Meerkohl (*Crambe cordifolia*)

4 | Schmalblättriges Weidenröschen (*Epilobium angustifolium*) 'Album'

1

2

3

4

5 | Muskateller-Salbei (*Salvia sclarea*) 'Alba'

Weiße Pflanzen für halbschattige Plätze

Für ein weißes Beet im Halbschatten bieten sich die weißen Frühjahrsblüher *Epimedium × youngianum* 'Niveum' 🏆, Lungenkraut (*Pulmonaria*) 'Sissinghurst White' 🏆 und Busch-Windröschen (*Anemone nemorosa*) 🏆 für den Vordergrund an, mit Salomonssiegel (*Polygonatum × hybridum*) 🏆 im Hintergrund. Im Frühsommer setzen Tränendes Herz (*Dicentra spectabilis*) 'Alba' 🏆, Große Sterndolde (*Astrantia major*) 'Alba' (oben) und Knoblauchrauken-Glockenblume (*Campanula alliariifolia*), durchsetzt mit Rotem Fingerhut (*Digitalis purpurea*) 'Alba', die weiße Thematik fort. Im Spätsommer öffnen dann die Indianernessel (*Monarda*) 'Schneewittchen', die Weiße Wald-Aster (*Aster divaricatus*) und der Spaltgriffel (*Schizostylis coccinea*) 'Alba', dessen Rhizome sicherheitshalber frostfrei überwintert werden sollten, ihre Blüten; auch diese fühlen sich im Halbschatten wohl.

Weißer Hartriegel (*Cornus*)

Weiß findet sich bei vielen Arten der abwechslungsreichen Gattung der Hartriegel, die bodendeckende Halbsträucher ebenso umfasst wie kleinere Bäume. Sehr beliebt ist der weiß panaschierte Tatarische Hartriegel (*C. alba*) 'Elegantissima' 🏆; er trägt weiße Blüten in flachen Trugdolden zu graugrünem, weiß gesäumtem Laub und prunkt mit hochroten, im Winter unübersehbaren Trieben. Die winzigen grünen Blüten des nur 15 cm hohen teppichartigen Kanadischen Hartriegels (*C. canadensis*) machen durch dekorative, bis 2 cm lange weiße Hochblätter auf sich aufmerksam. Der Pagoden-Hartriegel (*C. controversa*) 'Variegata' 🏆 (Foto Seite 29) ist einer der schönsten kleinen Bäume der Gattung. Er wird 8 × 8 m groß, trägt weiß gesäumtes dunkelgrünes Laub und schmückt sich im Frühsommer mit weißen Blütentellern. Die Blumenhartriegelhybride 'Eddies White Wonder' 🏆 (rechts) trägt in der zweiten Frühjahrshälfte grünviolette Blütenköpfchen, die von vier bis sechs auffälligen, weißen Hochblättern umgeben sind. Ausgewachsen erreicht dieser Hartriegel eine Größe von 6 × 5 m.

Weißer Pflanzenschmuck

Gehölze

- Taschentuchbaum (*Davidia involucrata*) 🏆 (siehe Seite 128)
- Perlen-Radspiere (*Exochorda × macrantha*) 'The Bride' 🏆 (siehe Seite 107)
- Stern-Magnolie (*Magnolia stellata*) 🏆 (siehe Seite 102)
- Pfeifenstrauch (*Philadelphus*) 'Virginal' (siehe Seite 129)
- Rose (*Rosa*) 'Margaret Merril' 🏆
- Himalaya-Eberesche (*Sorbus cashmiriana*) 🏆 (siehe Seite 172)
- Gewöhnlicher Schneeball (*Viburnum opulus*) 'Compactum' 🏆

Stauden

- *Anthemis punctata* ssp. *cupaniana* 🏆
- Weißer China-Beifuß (*Artemisia lactiflora*) 🏆
- Gewöhnliche Nachtviole (*Hesperis matronalis*) 'Alba Plena'
- Muskateller-Salbei (*Salvia sclarea*) 'Alba' (siehe Seiten 158/159)

Zwiebelpflanzen

- Großblütiges Schneeglöckchen (*Galanthus elwesii*) 🏆
- Sommer-Knotenblume (*Leucojum aestivum*) 'Gravetye Giant' 🏆
- Große Dreizipfellilie (*Trillium grandiflorum*) 🏆
- Tulpe (*Tulipa*) 'White Triumphator' 🏆

Silber und Grau

Nichts stellt die Farben von Hemd und Krawatte so gut heraus wie ein zurückhaltend eleganter dunkelgrauer Anzug. Dasselbe Prinzip gilt für den Garten: Grau intensiviert Pastellfarben und gleicht grelle, aufdringliche Farben aus. Obgleich es von Natur aus unauffällig im Hintergrund bleibt, spielt es eine wichtige vermittelnde Rolle, denn es verhilft den dominanteren Farben dazu, miteinander auszukommen.

In den meisten Situationen entzieht sich Grau dem Blick, während seine lichtschimmernde Variation Silber brilliert. Im Garten aber sind diese zwei Farben austauschbar, beide bringen Glanz in die Gestaltung. Zahlreiche Pflanzen tragen graues oder silbriges Laub, von Sträuchern, Sukkulenten und Stauden bis hin zu manchen Bäumen, etwa dem Olivenbaum **(*Olea europaea*)** und der Weidenblättrigen Birne **(*Pyrus salicifolia*) 'Pendula'** 🏆. Der überwiegende Teil dieser Gewächse entstammt heißen, trockenen Regionen. Angesichts der kühleren, feuchteren Verhältnisse unserer Breitengrade ist es für diese Pflanzen wichtig, dass die Bedingungen ihres Heimatstandorts mit einem vollsonnigen Platz und stark durchlässigem Boden möglichst gut nachgestellt werden.

Die graue oder silbrige Erscheinung etlicher dieser Pflanzen rührt daher, dass ihre Blattoberfläche dicht mit weißen Härchen besetzt ist – ein natürlicher Schutz vor Sonnenbrand. Textur und Form der Blätter variieren dabei: Manches Laub zeigt sich ganzrandig, fest und filzig, beispielsweise jenes von Silberblatt-Salbei **(*Salvia argentea*)** 🏆, Kandelaber-Königskerze **(*Verbascum olympicum*)** und Woll-Ziest **(*Stachys byzantina*)**, während andere Blätter fein strukturiert, tief eingeschnitten und gefiedert sind, wie wir es beim Heiligenkraut **(*Santolina*)** und bei vielen Beifußarten **(*Artemisia*)** beobachten (siehe Kasten Seite 58). Andere Pflanzen tragen dicke, Wasser speichernde Blätter – aus unseren Gärten kennen wir z. B. die Hauswurz **(*Sempervivum*)** und manche graulaubige Fetthennen **(*Sedum*)**.

Kombinationen mit Grau und Silber

Grau- und silberlaubige Sträucher, Stauden und Einjährige sind die ideale Ergänzung für eine Gestaltung in harmonisch pastelligem Rosa, Zartblau und Creme. Ein perfekter Gesellschafter für Rosen (*Rosa*) in zartem Pink und lichtblauen Ehrenpreis (*Veronica*) – etwa *R.* 'Mary Rose' 🏆 und Enzian-Ehrenpreis (*V. gentianoides*) 🏆 (siehe Kasten Seite 27) – ist der Beifuß **(*Artemisia*) 'Powis Castle'** 🏆 (siehe Kasten Seite 58). Der Graulaubige Ährige Blauweiderich **(*Pseudolysimachion spicatum* ssp. *incanum*,** siehe Seite 125) und die niedrige ***Anthemis punctata* ssp. *cupaniana*** 🏆 erweisen sich als stilvolle Begleiter für hellgelbe Rosen: Die weiße Hundskamille nimmt mit ihrer gelben Blütenmitte die Farbe der Rosen auf, und ihr silbriges Laub wirkt dabei immer adrett.

Auch im weißen Garten wartet graues und silbriges Laub als raffinierte Ergänzung auf; beide Farben mildern das Strahlen der weißen Blüten, die vor dunkelgrünem Laub manchmal gar zu hell leuchten. Lassen Sie eine einzelne grau- oder silberlaubige Art, etwa den Weißen Beifuß **(*Artemisia ludoviciana*) 'Valerie Finnis'** 🏆 (siehe Kasten Seite 58), in Abständen erneut auftauchen – dadurch wirkt die gesamte Gestaltung nicht nur ruhiger, sondern zugleich edler und heller.

Grau und Silber sind außerdem dazu geeignet, flirrende Farben wie Magenta zu beruhigen und eine düstere Gestaltung mit Dunkelrot und Pflau-

1 | Hundertjährige Agave (*Agave americana*)

2 | Elfenbein-Mannstreu (*Eryngium giganteum*)

3 | Ölweide (*Elaeagnus*) 'Quicksilver'

4 | Wilde Artischocke (*Cynara cardunculus*)

1

2

3

4

Silberlaubiger Beifuß (*Artemisia*)

Diese Gattung weist mit ihren 300 Arten eine enorme Formenvielfalt auf; die meisten Arten jedoch tragen graues oder silbriges Laub mit tief eingeschnittenem oder gebuchtetem Rand. Der Weiße Beifuß (*A. ludoviciana*) 'Valerie Finnis' 🏆 (A) besticht mit silbergrauem, tief eingeschnittenem Laub, während das silberweiße Blatt von *A. ludoviciana* 'Silver Queen' 🏆 (B) ganzrandig und lanzettlich ist (siehe Seite 91). Beide Sorten lassen sich perfekt in eine Staudenrabatte einflechten, ebenso wie die fein gefiederten, silbrig grünen Kissen von *A.* 'Powis Castle' 🏆 (C). Seidig behaart ist der kompakt wachsende Silber-Wermut (*A. stelleriana*) 'Boughton Silver' (D); er wirkt am schönsten im vorderen Beetbereich oder als Wegsaum.

Imposante silbrige und graue Pflanzen

Unter den grau- und silberlaubigen Pflanzen fällt eine Reihe spektakulärer Gesellen auf, die jede Gestaltung mit Drama versehen. Das silbergraue, stachelbewehrte Blatt von *Onopordum nervosum* 🏆 (unten) kann 50 cm Länge erreichen; hoch darüber stehen im Sommer von stachligen Hochblättern eingefasste violette Distelblüten. Auch die Wilde Artischocke (*Cynara cardunculus*) 🏆 trägt stachliges, silbergraues, tief eingeschnittenes Laub von bis zu 50 cm Länge. Unter den Edeldisteln finden sich ebenfalls auffällig silbrige Arten, so der Elfenbein-Mannstreu (*Eryngium giganteum*) 🏆, dessen Blüten von 6 cm langen, bestachelten silbernen Hochblättern gesäumt sind.

menblau aufzuhellen. Der beliebte Türkische Mohn (*Papaver orientale*) 'Patty's Plum' mit seinen Blütenblättern in verwaschenem Rotviolett wirkt wunderbar vor einem Hintergrund aus grau- oder silberlaubigen Pflanzen, beispielsweise Woll-Ziest (*Stachys byzantina*) 'Silver Carpet' oder *Helichrysum italicum* 🏆, von dem man die gelben Blüten entfernen sollte.

Graues und silbriges Laub

- Hundertjährige Agave (*Agave americana*) 🏆 (als Kübelpflanze)
- Kurilen-Beifuß (*Artemisia schmidtiana*) 'Nana' 🏆
- *Athyrium niponicum* 'Metallicum' 🏆
- Ölweide (*Elaeagnus*) 'Quicksilver' 🏆
- Blaustrahl-Wiesenhafer (*Helictotrichon sempervirens*) 🏆
- Sanddorn (*Hippophae rhamnoides*) 🏆
- Weiden-Birne (*Pyrus salicifolia*) 'Pendula' 🏆
- Bereifte Rose (*Rosa glauca*) 🏆
- Silberblatt-Salbei (*Salvia argentea*) 🏆
- Zitronen-Thymian (*Thymus × citriodorus*) 'Silver Queen' 🏆

5 | Woll-Ziest (*Stachys byzantina*)

Stimmungen

In unseren Wohnräumen setzen wir schon lange auf Farbe, wenn wir ein bestimmtes Ambiente erzeugen wollen. Ganz ähnlich lässt sich die Gartenatmosphäre über die Auswahl und die Kombination bestimmter Pflanzen beeinflussen. Durch die bewusste Beschränkung auf einige wenige Farben können wir das Flair unseres Außenraums gezielt steuern. Ob ruhig oder raffiniert, aufregend, dramatisch oder elegant: Die Kunst, eine bestimmte Stimmung zu erzeugen, will gelernt sein, und von entsprechenden Kenntnissen profitiert jeder Garten.

Japanischer Schneeball (*Viburnum plicatum*) 'Mariesii' mit *Meconopsis × sheldonii*

Ruhe und Harmonie

Im offenen Geviert klösterlicher Kreuzgänge entstanden bereits in alter Zeit geschützte Gärten als perfekte Oasen für stille Meditation. Eine solche Anlage wird sich der Einzelne kaum leisten können, doch der Charakter schützender Mauern lässt sich in einem Gartenwinkel leicht nachstellen und durch eine ruhige Bepflanzung ergänzen. Es überrascht wohl kaum, dass harmonierende Farben dabei den Vorzug vor harschen Kontrasten erhalten.

Das Wort »Harmonie« suggeriert Ruhe und Frieden, doch wir haben gesehen, dass es neben beruhigenden Farbharmonien auch solche gibt, die geradezu aufrütteln. Für eine besinnliche Grundstimmung sind zarte Kompositionen gefragt, die vor allem auf Blau und andere kalte Farben zurückgreifen.

Am intensivsten wirkt ein solches Farbenspiel im Schatten, da sich hier die Blauanteile des Sonnenlichts besonders gut durchsetzen. Grün findet sich in jeder Bepflanzung reichlich; da es fast so ruhig erscheint wie Blau, stellt es den perfekten Hintergrund dar. Kombinieren Sie für eine besonders besinnliche Atmosphäre Blau mit den nah verwandten Farbtönen Violett, Lavendel, Flieder und Pink. Gebrochenes Weiß, zartestes Gelb und Silber verleihen der Gestaltung Tiefe, ohne diese Stimmung zu zerstören.

Zu meiden sind Orange, Schwefelgelb und Blutrot. Ganz anders jedoch verhält es sich bei dunklem Rot mit Blauanteilen, etwa Karmesinrot: Gemeinsam mit Tiefviolett bringt dieser Ton eine besonders prächtige Note in das blaue Farbenspiel und lässt zugleich das friedvolle Ambiente bestehen. Düstere, brütende Nuancen sind oft genau das Richtige, um den ruhigen Garten davor zu bewahren, nichtssagend zu wirken.

Schützende Wände

Ein besinnlicher Garten oder Gartenteil verlangt nach Schutz durch Hecken, Mauern oder Zäune. Ein solcher abgeschlossener Raum lockt als Zuflucht vor der Welt, und der Sichtschutz kann zugleich eine unerwünschte Geräuschkulisse mildern. Eine ähnliche Wirkung zeigt eine Rankwand – besonders dann, wenn sie das Gestaltungsschema farblich ergänzt wie im Beispiel unten. Europäische Eibe (*Taxus baccata*) 🏆, das schönste und langlebigste Heckengehölz, ist als kräftig schwarzgrüner Beethintergrund beliebt, während Kirschlorbeer (*Prunus laurocerasus*), dessen zahlreiche Sorten sich unter anderem in Blattgröße, Habitus und Wuchshöhe unterscheiden, den Garten mit seinem glänzend grünen Laub aufhellt.

Ambiente schaffen

Ein wichtiges Element des besinnlichen Gartens ist das Geräusch bewegten Wassers: Ein plätschernder Brunnen oder kleiner Wasserlauf trägt entscheidend zu seinem Ambiente bei. Viele Menschen empfinden auch ein Windspiel mit Klangröhren aus Metall oder Bambus als beruhigend. Andere bevorzugen vollkommene Stille oder das leise Rascheln von Gras und Laub im Wind. Auch die Farben von Pflanzgefäßen, Gartenmöbeln, Mauern, Türen und Toren können die Gartenatmosphäre beeinflussen – berücksichtigen Sie dies bei der Planung.

Sichtschutz in alle Richtungen

Ein einziger kleiner bis mittelgroßer Baum reicht bereits aus, um in einem ruhigen, überwiegend blauen Garten einen gegen nachbarliche Einblicke abgeschirmten schattigen Winkel zu schaffen.
Ein geeigneter Kandidat wäre die Traubenkirsche (*Prunus padus*) 'Watereri': Diese Sorte schmückt sich im Frühjahr mit attraktiven weißen, nach Mandeln duftenden Blüten, die in bis zu 20 cm langen Trauben herabhängen.
Immergrüne Sträucher sind optimal, wenn ein größerer Gartenraum umschlossen werden soll. Sie bringen ein gewisses optisches Gewicht ein und sind auch in der blütenlosen Jahreszeit attraktiv. Viele immergrüne Sträucher zeichnen sich durch besonders schönes Laub aus; manche blühen sogar im Winter, darunter die Fleischbeere (*Sarcococca hookeriana* var. *digyna*) 🏆 (unten). Sie öffnet ihre duftenden, eher unscheinbaren weißen Blüten, wenn nur wenig anderes den Garten ziert.

Ein harmonisches Schattenbeet

Es gibt etliche immer- und sommergrüne Sträucher, die sich für ein harmonisches Schattenbeet empfehlen. Sie verleihen dem Garten seine Struktur, bilden einen schönen Hintergrund für Stauden und warten im Winter, wenn nichts mehr blüht, mit abwechslungsreichen Grüntönen auf. Der Pfeifenstrauch **(*Philadelphus*)** toleriert Halbschatten und trägt im Frühsommer mit seiner duftenden weißen Blütenfülle einen Hauch Exotik in den Garten. Der bis 1,2 m hohe **'Belle Etoile'** 🏆 öffnet betörend duftende weiße Blüten mit hellvioletter Mitte; der kompakte, dichte **'Manteau d'Hermine'** 🏆 ist mit maximal 75 cm Höhe ideal für den vorderen Beetbereich. Auch Hortensien **(*Hydrangea*)** sind gute Gerüstbildner; wenn der Pfeifenstrauch verblüht ist, übernehmen sie und blühen je nach Art vom Sommer bis zum Herbst. Die fertilen Blüten von ***H. serrata*** **'Bluebird'** 🏆 zeigen sich auf saurem Boden intensiv dunkelblau, auf kalkhaltigem mauve bis rosa; umgeben sind sie von sterilen Scheinblüten in hellerem Blau.
Einige niedrige Schattenstauden warten bereits mit blauer Farbe auf, wenn sich die meisten anderen Pflanzen noch zurückhalten. Vorn im Beet kommen das zarte, violett überlaufene farnartige Laub und die hübschen mittelblauen Blüten von ***Corydalis flexuosa*** **'Purple Leaf'** gut zur Geltung. Das Großblättrige Kaukasusvergissmeinnicht **(*Brunnera macrophylla*)** 🏆 trägt die gleichen babyblauen Blüten wie sein Namensvetter. Das Lungenkraut **(*Pulmonaria*) 'Blue Ensign'** (siehe Seite 98 sowie Gute Pflanzpartner Seite 100) blüht leuchtend dunkelblau über sattgrünem, ungezeichnetem Laub. Eine schöne Ergänzung für das halbschattige Frühjahrsbeet sind Garten-Salomonssiegel **(*Polygonatum × hybridum*)** 🏆, das seine Blütenglöckchen an bis zu 150 cm langen, elegant übergebogenen Trieben trägt (siehe Seite 109), sowie die verschiedenen Prärielilien **(*Camassia*)**. Diese Gattung hervorragen-

1 | Pfeifenstrauch (*Philadelphus*) 'Belle Etoile'

2 | *P.* 'Manteau d'Hermine'

3 | *Hydrangea serrata* 'Bluebird'

4 | Katzenminze (*Nepeta*) 'Six Hills Giant'

5 | Eisenhut (*Aconitum*) 'Spark's Variety'

6 | Wiesen-Storchschnabel (*Geranium pratense*) 'Plenum Violaceum'

1

2

3

4

5

6

der Zwiebelpflanzen trägt vom Frühjahr bis zum Sommer sternförmige weiße, blaue oder violette Blüten in straff aufrechten Kerzen, die im vorderen Beetbereich hervorragende vertikale Akzente über niedrigerem Laub setzen. Cusicks Prärielilie (*C. cusickii*) **'Zwanenburg'** blüht dunkelblau.

Wenn der Frühling in den Sommer übergeht, bricht die Zeit der schattenliebenden Wiesenrauten (***Thalictrum***) an. ***T. rochebruneanum*** trägt winzige Blüten in blaustichigem Pink an verzweigten hohen Stielen – eine duftige Zutat, die in jedem Beet willkommen ist.

Auch die Sibirische Schwertlilie (***Iris sibirica***) 🏆 verschmäht nicht den Halbschatten; ihre Blüten, die sie im Frühsommer auf bis zu 120 cm hohen, schlanken Stängeln trägt, sind an Eleganz nicht zu übertreffen. Die Art blüht königsblau. Bereichern Sie Ihr Beet zusätzlich mit interessanten Kultursorten wie **'Annemarie Troeger'** 🏆 in hellerem Blauviolett mit cremefarbenem Schlund oder **'Sparkling Rosé'** mit Blüten in rosigem Fliederton.

Die Katzenminzen (***Nepeta***) gedeihen im Halbschatten ebenso gut wie in voller Sonne; die bis 45 cm hohe Blaue Katzenminze (***N. × faassenii***) 🏆 ist eine schöne Beeteinfassung und schmückt sich vom Frühsommer bis zum Frühherbst mit zartblauen Blütenwolken. ***N.* 'Six Hills Giant'** reckt ihre lavendelfarbenen Blütenähren bis zu 90 cm in die Höhe. Ebenfalls im Sommer öffnen die verschiedenen blauen und violetten Eisenhutarten (***Aconitum***) ihre Knospen. **'Spark's Variety'** trägt die ganze zweite Sommerhälfte dunkelviolette, traubige Blütenstände auf bis zu 150 cm hohen Stängeln. Auch manche Salbeiarten (***Salvia***) fühlen sich im Halbschatten wohl; stellen Sie sie im Spätsommer oder Frühherbst als Kübelpflanze ins Beet, um für zusätzliche Höhe zu sorgen. Ein gut geeigneter Kandidat ist der leuchtend blaue Mexikanische Salbei (***S. patens***) 🏆.

Storchschnabel (***Geranium***) ist ein hervorragender Lückenfüller fürs Beet, der gern auch einmal an seinen Nachbarn in die Höhe klimmt; viele Sorten blühen in kalten Farben, die sich gut in eine blaue Stimmung einfügen. Der Wiesen-Storchschnabel (***G. pratense***) **'Plenum Violaceum'** 🏆 (siehe Gute Pflanzpartner Seite 131) ist eine attraktive gefüllte Variante mit blauvioletter Blüte vom Früh- bis Hochsommer.

Blaue Sonnenkinder

Wer blaue Blüten in die Sonne pflanzt, sollte daran denken, dass helles Licht den Farbeindruck in Richtung Violett verschiebt. Dennoch gibt es auch für solche Standorte etliche Pflanzen, die mit ihrem Blau Ruhe ausstrahlen. Rittersporn (*Delphinium*), etwa die Sorte 'Blue Bird', bildet im Sommer einen herrlichen Blickfang; später folgt auf gut durchlässigem, nicht zu nährstoffreichem Boden die Perowskie (*Perovskia*) 'Blue Spire' mit wochenlanger fliederfarbener Blütenfülle.

7 | Lungenkraut (*Pulmonaria*) 'Blue Ensign'

8 | Großblättriges Kaukasusvergissmeinnicht (*Brunnera macrophylla*)

9 | *Thalictrum rochebruneanum*

10 | *Corydalis flexuosa* 'Purple Leaf'

11 | Sibirische Schwertlilie (*Iris sibirica*) 'Annemarie Troeger'

8

9

10

11

Feuerglut

Auf Nummer sicher zu gehen ist nicht immer der beste Weg. Wer Risiken meidet, genießt zwar große Sicherheit, setzt sich jedoch auch reichlich Langeweile aus. Dasselbe gilt für den Garten: Wer sich ausschließlich an zurückhaltende Töne hält, weil er nicht den Mut zur Farbe aufbringt, dem ist ein langweiliger Garten nahezu gewiss. Viel spannender ist es, hin und wieder jegliche Vorsicht in den Wind zu schlagen und mit auffälligen, unübersehbaren Farben für Spannung zu sorgen.

Nichts stimmt den Garten fröhlicher als leuchtendes Rot, Gelb und Orange. Diese strahlenden Farben verbinden sich zu einem feurigen Glanz, der besser als jede andere Kombination überschwängliche Lebensfreude verkündet. Diese Farben gewinnen außerdem zusätzlich an Intensität, sobald sie nebeneinander stehen. Einen größeren Kontrast zu den ruhigen Blaukombinationen am anderen Ende des Farbspektrums gibt es nicht. Da die energiegeladenen warmen Farben alles, was zurückhaltender und kühler daherkommt, vollkommen überwältigen, empfiehlt es sich, ihnen nach Möglichkeit einen eigenen Gartenbereich zu reservieren, der mit Gitterwerk, einem Zaun oder einer Mauer abgegrenzt ist. Bei einem kleinen Garten werden Sie sich entscheiden müssen: Entweder Sie gehen aufs Ganze und setzen ihn vollständig in Flammen, oder Sie beschränken die glühende Kombination auf den Topfgarten.

1 | Wo starke Farben miteinander kombiniert werden, in diesem Beispiel vor allem Schafgarbe (*Achillea*), Berg-Flockenblume (*Centaurea montana*) und Mohn (*Papaver*), kommt dem begleitenden Grün eine wichtige Vermittlerrolle zu.

Dahlien (*Dahlia*)

Nachdem Dahlien jahrelang im anspruchsvollen Garten geradezu verpönt waren, sind diese Knollengewächse plötzlich wieder höchst angesagt, und das vollkommen zu Recht, denn sie tragen herrlich kecke Blüten in einer erstaunlichen Farbvielfalt. Die Dahlie stammt aus Zentralamerika, was erklärt, warum ihre Knollen frostfrei zu überwintern sind. Die mannigfaltigen Blütenformen stehen der Farbenpracht kaum nach – die Auswahl reicht von einfachen, ungefüllten Blüten über die sogenannten Ball-, Pompon- und Schmuckdahlien bis hin zu päonienblütigen, anemonenblütigen, Seerosen-, Halskrausen- und Kaktusdahlien, um nur einige Formen zu nennen. Zu den besten Sorten für ein sommerliches Feuerwerk zählen 'Glow Orange' (A) mit kleinen Blütenbällen in leuchtendem Orange, 'Moonfire' 🏆 (B) mit einfacher, hellgelber Blüte mit roter Mitte über dunklem Laub sowie die beinahe stachelig anmutende gefüllte Hirschgeweih-Dahlie 'Nargold' (C) mit pink-orangen, zweispitzigen Blütenblättern (siehe auch Seite 147).

Wertvoller Blattschmuck

Wichtig für farbintensive Beete ist ein ausgewogenes Verhältnis von Farbe und grünem Laub; als Gegengewicht für farbstarke Blüten ist in etwa dieselbe Menge an Blattwerk notwendig. Großformatige, auffällige Blätter sind im feurigen Garten gefragt, mit Variationen in Form und Textur. Bei einer warmen Farbskala kommt dem Laub eine ebenso wichtige Rolle zu wie den Blüten - hier ist Aussagekraft gefordert.

Der frostempfindliche Neuseelandflachs (*Phormium*) beeindruckt in einer farbkräftigen Pflanzung mit riemenförmigem, spitz zulaufendem Laub. Auch gigantische Rhabarberblätter setzen unübersehbare Akzente; die des Handlappigen Rhabarbers (*Rheum palmatum*) 'Atrosanguineum' 🏆 (A) etwa treiben rot aus, um später oberseits dunkelgrün zu werden. Auch prägnante Gräser wie das Riesen-Federgras (*Stipa gigantea*) 🏆, das seine goldenen Blütenären 2,5 m in die Höhe reckt, haben hier ihren Platz (siehe Seite 71 sowie Gute Pflanzpartner Seite 146). Ligularien (*Ligularia*) und Rodgersien (*Rodgersia*) wie das Gezähnte Schaublatt (*R. podophylla*) 🏆 (B) treiben beeindruckendes Laub, das der Gestaltung echtes Tropenflair verleiht. Dunkel- und blutrotes Laub wie das des Blumenrohrs (*Canna*) 'Durban' (syn. 'Phasion') (C) (siehe auch Seite 71) bringt ein wenig Ruhe ins Bild, sollte jedoch sparsam verwendet werden, da der Gesamteindruck sonst zu düster wird. Für das nötige Gegengewicht sorgen Mandelgrün und Gelbgrün. Goldgelbes Wald-Flattergras (*Milium effusum*) 'Aureum' 🏆, Bambus wie *Pleioblastus viridistriatus* 🏆 sowie gelblaubige Gehölze wie die leider nicht immer winterharte Mexikanische Orangenblume (*Choisya ternata*) 'Sundance' (syn. 'Lich') 🏆 und der Tatarische Hartriegel (*Cornus alba*) 'Aurea' 🏆 setzen wichtige Lichttupfen.

Frühlingspracht

Obgleich sich im Hoch- und Spätsommer die größte Auswahl an leuchtenden, exotischen Blüten präsentiert, lassen sich bereits zur Frühjahrsmitte spannende Zusammenstellungen schaffen. Zu dieser Zeit entfalten die Zwiebelpflanzen ihre ganze Pracht, darunter Hyazinthen (**Hyacinthus**), Narzissen (**Narcissus**, siehe Seiten 104/105) und Tulpen (**Tulipa**, siehe Seiten 117–119) sowie die großen Fritillarien, allen voran die Kaiserkrone (**Fritillaria imperialis**) **'Rubra Maxima'** 🏆. Viele Tulpen (**Tulipa**) blühen in leuchtenden Farben; kombinieren Sie für ein Beet mit Knalleffekt beispielsweise die blutrote **'Red Impression'** und die orangegoldene **'Generaal de Wet'** mit der rosigen **'Apricot Beauty'**, der gold-gelben **'Golden Apeldoorn'** und der blutroten ***T. praestans*** **'Fusilier'** 🏆. Lassen Sie die Zwiebeln durch ein Beet mit jungem Grün hochtreiben - dazu bieten sich Akelei (**Aquilegia**) und Wolfsmilch (**Euphorbia**) an, etwa die Sumpf-Wolfsmilch (***E. palustris***) 🏆 oder die Bunte Wolfsmilch (***E. epithymoides***) 🏆

2 | Bunte Wolfsmilch (*Euphorbia epithymoides*)

3 | Ligularie (*Ligularia*) 'The Rocket'

4 | Europäischer Perückenstrauch (*Cotinus coggygria*) Rubrifolius Grp.

5 | Riesen-Federgras (*Stipa gigantea*)

6 | Blumenrohr (*Canna*) 'Durban'

7 | Trauben-Holunder (*Sambucus racemosa*) 'Sutherland Gold'

2

3

4

5

6

7

(siehe Seite 112). Eine besondere Attraktion ist der leuchtend gelbe Austrieb von *Valeriana phu* 'Aurea'. Dunkler und farbintensiver wirkt eine Kombination von Tulpen mit dem jungen roten Laub des Fenchels (*Foeniculum vulgare*) 'Purpureum' oder den violettroten Trieben der Haarfrüchtigen Süßen Wolfsmilch (*E. dulcis*) 'Chameleon'.

Sommerkombinationen

Auf den Frühling, der mit Zwiebelpflanzen und sprießendem jungem Laub die Lebensgeister weckte, und den jungen Sommer mit seinen zahllosen Stauden und prägnanten Pflanzen wie Türkischem Mohn (*Papaver orientale*), hohen Schwertlilien (*Iris*), Rittersporn (*Delphinium*), Lupinen (*Lupinus*) und Rosen (*Rosa*, siehe Seite 139) folgen schließlich Hoch- und Spätsommer, die dem Gärtner eine wahrhaft überwältigende Farbpalette zur Verfügung stellen. Nun endlich entfalten die begrenzt winterharten Tropengewächse ihre ganze Pracht und blühen miteinander um die Wette. Fackellilien (*Kniphofia*, siehe Seiten 148/149), Blumenrohr (*Canna*), Dahlien (*Dahlia*, siehe Seite 69) und Montbretien (*Crocosmia*) öffnen ihre Knospen, und Sonnenbraut (*Helenium*) und Sonnenhut (*Rudbeckia*) sowie einjährige Sonnenblumen (*Helianthus*), Zinnien (*Zinnia*), Gazanien (*Gazania*) und andere Sommerblüher erreichen ihren Höhepunkt und lassen gemeinsam Funken sprühen.

Im Hintergrund der Sommerrabatte hinterlässt ein auf Stock gesetzter Gewöhnlicher Trompetenbaum (*Catalpa bignonioides*) 🏆 mit seinen großen Blättern einen bleibenden Eindruck. Die rote Thunbergs Berberitze (*Berberis thunbergii*) 'Atropurpurea' sowie der Europäische Perückenstrauch (*Cotinus coggygria*) Rubrifolius Grp. steuern Laub in beruhigendem Rotviolett bei. Architektonische Gestalten für die Beetmitte sind unter anderem der kälteempfindliche Kleine Neuseelandflachs (*Phormium colensoi*) 'Cream Delight' 🏆 mit hell gestreiftem Blatt und die Stern-Ligularie (*Ligularia dentata*) 'Britt-Marie Crawford' mit rotbraunem nierenförmigem Laub zu kräftig orangen Blüten. Ein anderes, aber ebenso attraktives Blatt trägt *L.* 'The Rocket' 🏆; sie reckt gelbe Blütenähren hoch über ihr dramatisches, dunkelgrün gezähntes Laub. Unübersehbare Höhe bringen der Trauben-Holunder (*Sambucus racemosa*) 'Sutherland Gold' 🏆 mit gelbem, tief geschlitztem Laub und der Bambus *Pleioblastus viridistriatus* 🏆 ins Spiel. Im vorderen Beetbereich setzen das violett belaubte Purpurglöckchen (*Heuchera*) 'Plum Pudding' und das Wald-Flattergras (*Milium effusum*) 'Aureum' 🏆 Akzente zwischen diversen Blütenstauden.

Jedes Beet verlangt nach seinen Stars. Im feurigen Garten wird diese Rolle vom Blumenrohr (*Canna*) mit Bravour übernommen. 'Wyoming' 🏆 trumpft mit gerüschten, leuchtend orangen bis zinnoberroten Blütentrompeten über dunkel geadertem violettem Laub auf, und 'Rosemond Coles' öffnet rot irisierende Blüten am 150 cm hohen Schaft. Beide sind perfekt geeignet für wiederholte starke vertikale Akzente. Etliche farbstarke Korbblütler versehen den mittleren und vorderen Rabattenbereich mit charmanter Blütenfülle: In kräftigem Gelb blüht die Sonnenbraut (*Helenium*) 'The Bishop', die Sorte 'Chipperfield Orange' leuchtet rotorange. Der Sonnenhut (*Rudbeckia fulgida* var. *sullivantii*) 'Goldsturm' 🏆 trägt goldgelbe Blüten von 7–12 cm Durchmesser, während der Schlitzblättrige Sonnenhut (*R. laciniata*) 'Goldquelle' 🏆 mit wuschelig gefüllten zitronengelben Blütenköpfen daherkommt. Einen schönen Kontrast zu den vielen runden Blütenformen stellen Montbretien (*Crocosmia*) mit ihren grazilen Blüten auf übergeneigten Stängeln dar; es gibt sie in Gelb, Orange und Rot, sodass sie perfekt ins Schema passen. Mansons Montbretie (*C. masoniorum*) 🏆 blüht orangerot, während *C.* 'Lucifer' 🏆 (siehe Seite 143) tomatenrote Blüten aufweist. Die Garten-Montbretie (*C.* × *crocosmiiflora*) 'Citronella' distanziert sich mit Zitronengelb von der Verwandtschaft. Ausgewählte Dahlien (*Dahlia*) setzen eigene Glanzpunkte, während Einjährige wie *Bidens aurea* 'Hannay's Lemon Drop' und die hohe, mandarinorange Mexikanische Sonnenblume (*Tithonia rotundifolia*) 'Torch' die letzten Lücken füllen. Wem das noch nicht genug Exotik ist, der setzt ganz nach Lust und Laune in Töpfen gezogene gelbe und orangefarbene Lilien (*Lilium*) zwischen die Pracht.

---

8 | Tulpe (*Tulipa*) 'Red Impression'

9 | Purpurglöckchen (*Heuchera*) 'Plum Pudding'

10 | Kaiserkrone (*Fritillaria imperialis*) 'Rubra Maxima'

11 | Sonnenbraut (*Helenium*) 'The Bishop'

12 | Stern-Ligularie (*Ligularia dentata*) 'Britt-Marie Crawford'

8

9

10

11

12

Dramatische Inszenierung

Eine düster glosende Rabatte nimmt unsere Aufmerksamkeit gefangen und zieht uns ähnlich in ihren Bann wie ein langsam verglühendes Kaminfeuer. Dunkles Blau, Tiefrot, Indigo, Violett, Rotbraun, Kupfer, Bronze, Antikgold – allein wirkt jede dieser Farben recht eindringlich, aber gemeinsam verwendet verschmelzen sie zu einer Melange, aus der keine Farbe individuell hervorsticht und die uns doch in ihren Bann schlägt.

Meiden Sie im dramatischen Beet Pastellfarben und helle Töne wie Weiß und Gelb, denn diese ziehen die Aufmerksamkeit zu sehr auf sich. Erwägen Sie den einen oder anderen Blütenstrauch – bei sorgfältiger Auswahl sind Ihnen damit attraktives Laub, Blumenschmuck und leuchtende Herbstfarben gewiss, und die Gestaltung bleibt über die Staudenblüte hinaus attraktiv. Jede Bepflanzung gewinnt durch abwechslungsreiche Formen und Texturen; für die dramatische Rabatte jedoch, die den Eindruck eines satten Farbteppichs erzeugen soll, sind diese von besonders großer Bedeutung.

1 | **Zier-Lauch (*Allium*) setzt unübersehbare vertikale Akzente, wo immer er steht.**

Rosen und andere Sträucher für den dramatischen Auftritt

Dunkel blühende Weigelien (*Weigela*) sind eine gute Wahl für die dramatische Gestaltung. Sie fühlen sich an sonnigem und halbschattigem Standort gleichermaßen wohl, und manche ergänzen ihre trichterförmigen Blüten mit Laub von ungewöhnlicher Färbung: 'Eva Rathke' trägt tiefgrünes Laub zu blutroten Blüten mit leichter Nachblüte im Spätsommer/Frühherbst, die Liebliche Weigelie (*W. florida*) 'Foliis Purpureis' 🏆 (Foto Seite 77) blüht kräftig pink bei purpurn überlaufenem Laub, und *W.* 'Briant Rubidor' (syn. 'Olympiade') kombiniert goldgelbes Laub mit dunkelroten Blüten (Foto Seite 77). Die Perückensträucher (*Cotinus*) sind ebenfalls für einen großen Auftritt gut. 'Flame' 🏆 lässt rosig violette Blütenwolken über hellgrünem Laub schweben, und die ausladende, violett belaubte Sorte 'Grace' (A) (siehe auch Seite 166) nimmt im Herbst leuchtende Rottöne an.

Gerade so wie Dunkelblau der Malerei der Renaissance eine zusätzliche Dimension verlieh, vervollkommnet diese Farbe auch die farbsatte Pflanzung – vernachlässigen Sie daher nicht die blau blühenden Sträucher. Die in Kalifornien heimische Säckelblume (*Ceanothus*) ist äußerst genügsam, wenn auch nicht immer sicher frosthart; manche Sorten blühen im späten Frühjahr und Frühsommer, andere später im Sommer bis in den Frühherbst hinein (siehe auch Seite 127). 'Concha' (B) blüht im Frühjahr saphirblau zu dunklem, immergrünem Laub. Der bis 2 m hohe *C. thyrsiflorus* 'Skylark' 🏆 öffnet gegen Ende des Frühjahrs und im Frühsommer seine kräftig dunkelblauen Blüten zu glänzendem, mittelgrünem Laub. 'Autumnal Blue' 🏆 trägt vom Spätsommer bis in den Herbst hinein kräftig himmelblaue Blüten.

Auch bei den Strauchrosen (*Rosa*) finden sich ideale Kandidaten für dunkel brütende Pflanzungen. Manche Züchtungen machen eine kurze Blütezeit durch ihren Blütenreichtum, leuchtstarke Farben und herrlichen Duft mehr als wett. Die duftende Gallica-Rose 'Tuscany Superb' 🏆 blüht nur einmal, doch ihre samtige, weit geöffnete halbgefüllte Blüte in tiefem Schwarzrot mit einem goldenen Kranz aus Staubblättern macht sie unverzichtbar. Die Moos-Rose 'William Lobb' 🏆 ist ebenfalls eine würdige Kandidatin. Ihre biegsamen borstigen, bemoosten Triebe tragen zahlreiche stark duftende, gefüllte, kräftig violette bis dunkellavendelfarbene Blüten; leitet man diese Triebe an Stecken nach unten, so werden die Seitentriebe zu verstärktem Knospenansatz angeregt und die Blüten besser zur Schau gestellt. Von bräunlichem »Moos« überzogen sind die steif aufrechten Triebe einer anderen Moos-Rose, 'Nuits d'Young' 🏆. Ihre weit offenen, tellerförmigen, duftenden Blüten sind von einem dermaßen dunklen Rotbraun, dass sie in England den Beinamen »schwarze Alte Rose« trägt; sie soll ein wenig krankheitsanfällig sein. Robust hingegen ist die Rugosa-Rose 'Roseraie de l'Haÿ' 🏆 (C) mit gesundem, hellgrünem, ledrigem Laub; sie erreicht 2,2 m Höhe und öffnet ihre stark duftenden Blüten in sattem, dunklem Purpurkarmesinrot über einen langen Zeitraum vom Sommer bis zum Herbst (siehe auch Gute Pflanzpartner Seite 128 sowie Seite 139). Eine weitere ausdauernd blühende Rose ist 'Reine des Violettes' mit gefüllten, violettroten, duftenden Blüten vom Sommer bis zum Herbst.

Taglilie (*Hemerocallis*)

Taglilien gibt es heute in einer herrlichen Farbenvielfalt; zwar hält die einzelne Blüte nur ein oder zwei Tage, doch die Pflanze selbst blüht mindestens einen Monat lang. Groß ist die Auswahl an kräftig getönten Sorten. 'American Revolution' blüht im Hochsommer in nahezu schwarzem Dunkelrot, und 'Bela Lugosi' trägt vom Hoch- bis Spätsommer schwarzviolette Blüten mit grünem Schlund. Die Blüten von 'Dominic' öffnen sich im Spätsommer in prachtvollem kräftigem Dunkelrot; zur selben Zeit blüht 'Starling' nahezu schokoladenbraun. Die Braunrote Taglilie (*H. fulva*) 'Flore Pleno' (rechts) blüht gefüllt in Mandarinorange mit dunkleren Adern; 'Missenden' 🏆 blüht in tiefdunklem Rotorange mit orangegelben Adern und ebensolchem Schlund.

Staudendrama

Wer das Drama seiner Beete noch steigern will, fügt der Blütenpracht beeindruckendes Laub hinzu - etwa Große Engelwurz (***Angelica gigas***) und Arznei-Engelwurz (***A. archangelica***), Stacheligen Akanthus (***Acanthus spinosus***) 🏆 und Pracht-Akanthus (***A. mollis***) oder auch Schwarzen Germer (***Veratrum nigrum***) 🏆. Diese dominanten Gestalten verlangen nach einem Ausgleich in Form von bescheideneren, horstig wachsenden Gesellen wie Sterndolden (***Astrantia***) und Storchschnabel (***Geranium***). Die Sterndolde ist eine besonders wertvolle Staude, denn ihre flachen Blüten wirken in jedem Blühstadium attraktiv, und auch ihr gelapptes Laub ist verlässlich schön. Die dunkelroten Zuchtformen ***A. major*** **'Claret'** und ***A.*** **'Hadspen Blood'** (siehe Seite 155) passen perfekt in diesen Kontext. Ebenso geeignet ist der Himalaya-Storchschnabel (***G. himalayense***) **'Gravetye'** 🏆 mit veilchenblauen Blüten mit rötlicher Mitte. Zartes farnartiges Laub bringen die Akeleiblättrige Wiesenraute (***Thalictrum aquilegiifolium***) **'Thundercloud'** 🏆 und der dunkellaubige Gewöhnliche Wiesen-Kerbel (***Anthriscus sylvestris***) **'Ravenswing'** ins Spiel.

Hoch aufragende Blütenkerzen verfehlen nie ihre dramatische Wirkung. Besonders prunkvoll zeigt sich der Rittersporn (***Delphinium***); verlässliche Blütenstars sind z. B. **'Faust'** 🏆 mit halbgefüllten, kräftig kornblumenblauen Blüten mit einer Spur Violett und Indigo sowie **'Blue Nile'** 🏆 mit nachtblauer Blüte mit weißem Auge. Auch die Steppenkerze (***Eremurus***) ist ein echter Solist; sie steht im Ruf, ein wenig kapriziös zu sein. Sehr passend benannt ist die Sorte **'Cleopatra'** der Isabellen-Steppenkerze (***E. × isabellinus***) mit exotischen, 50 cm langen orangeroten Blütentrauben auf bis zu 100 cm hohen Stielen. Die niedrigere Afghanistan-Steppenkerze (***E. stenophyllus***) 🏆 fügt sich mit ihren 30 cm langen Blütenständen in kräftigem Sonnengelb gut in dunkle Farbkombinationen ein. Auch in der Gattung ***Digitalis*** finden sich Bühnenanwärter, beispielsweise der edle Rostige Fingerhut (***D. ferruginea***) 🏆 mit schmalen, kupfrig gelben Blütentrauben sowie ***D. davisiana*** mit hellgelben, orange geäderten Blüten.

Hoch in den Himmel ragende Pflanzen verlangen nach einem Gegengewicht; gut geeignet sind Prachtstauden wie hohe Deutsche Schwertlilien (***Iris germanica***), Pfingstrosen (***Paeonia***), Taglilien (***Hemerocallis***, siehe Kasten oben), Türkischer Mohn (***Papaver orientale***, siehe Seite 78) sowie Montbretien (***Crocosmia***) wie Mansons Montbretie (***C. masoniorum***) **'Rowallane Yellow'** 🏆 oder die gelb und

2 | Große Engelwurz (*Angelica gigas*)

3 | Hoher Rittersporn (*Delphinium-elatum*-Hybride)

4 | Afghanistan-Steppenkerze (*Eremurus stenophyllus*)

5 | Weigelie (*Weigela*) 'Briant Rubidor'

6 | Liebliche Weigelie (*Weigela florida*) 'Foliis Purpureis'

7 | Rostiger Fingerhut (*Digitalis ferruginea*)

2

3

4

5

6

7

dunkelorange blühende Garten-Montbretie (*C.* × *crocosmiiflora*) 'Jackanapes' (siehe Seite 147). Als geeignete Nebendarsteller bieten sich diverse kleinere robuste Stauden an, etwa Akelei (*Aquilegia*) und Bartfaden (*Penstemon*). Zwiebelpflanzen wie Zier-Lauch (*Allium*) setzen im Spätfrühling Akzente, und Gräser werden bis zum Herbst immer attraktiver – manche Federborstengräser (*Pennisetum*) etwa setzen sich mit ihren rosigen oder violetten Blütenähren dann erst so richtig in Szene. In dunklen, lodernden Farben gehaltene Beete erreichen ihren Höhepunkt generell im Spätsommer und Frühherbst. Verlängern Sie die Vorstellung, indem Sie die Pflanzen zum Winter hin nicht abschneiden: Von Raureif überzogene verblichene Gräser und Staudenskelette wirken nicht weniger faszinierend als die Pflanzenpracht der vergangenen Saison.

Türkischer Mohn (*Papaver orientale*)

Der Türkische Mohn mit seiner überkandidelten Farbenpracht ist ein Hauptdarsteller der traditionellen frühsommerlichen Staudenrabatte. Er brennt ein derart atemberaubendes Feuerwerk ab, dass man ihm unbedingt einen Platz auf der Bühne reservieren sollte. Einige besonders ausgesuchte Sorten sind die blutrote 'Beauty of Livermere' (siehe Seite 42), die verwaschen rotviolette 'Patty's Plum' (A) und die halbgefüllte lachsrosa 'Garden Glory' (B). Da der Türkische Mohn nach dem Ende seiner Blüte vollständig einzieht, klaffen dann große Lücken im Beet, die Sie am besten mit Einjährigen wie Zinnien (*Zinnia*), Kosmeen (*Cosmea*) oder auch mit nicht winterhartem Salbei (*Salvia*) füllen. Der Mexikanische Salbei (*S. patens*) 🏆 etwa besticht mit wunderschönen behelmten Blüten in sattem Blau.

8 | Taglilie (*Hemerocallis*) 'Anzac'

9 | Große Sterndolde (*Astrantia major*) 'Claret'

10 | Gewöhnlicher Wiesen-Kerbel (*Anthriscus sylvestris*) 'Ravenswing'

11 | Masons Montbretie (*Crocosmia masoniorum*) 'Rowallane Yellow'

8

9

10

11

Subtile Stimmungen

Das Wort »subtil« leitet sich vom lateinischen »subtilis« ab, das »fein, schlicht, scharfsinnig« bedeutet. Wenn wir von subtilen Nuancen, einer subtilen Herangehensweise oder subtiler Beleuchtung sprechen, denken wir an Raffinesse und Zurückhaltung. Interessanterweise prägt eine solche Stimmung heute viele bewusst naturhaft und unaufdringlich gestaltete Gärten. Doch auch wer für naturnahe Anlagen keinen Sinn hat, muss nicht auf subtile Stimmungsbilder verzichten.

Konzentrieren Sie sich bei der Bepflanzung Ihres Gartens auf wenige ausgesuchte Solitäre, die Sie sorgfältig und mit bestmöglicher Wirkung platzieren. In Japan wurde diese Reduktion auf das Wesentliche perfektioniert (siehe Kasten Seite 81), wobei die Feinheiten des japanischen Gartens sich nicht auf die Gestaltung mit Pflanzen beschränken, sondern sämtliche Gartenaspekte betreffen und stark symbolisch befrachtet sind. Jeder kleine umschlossene Gartenraum lässt sich nach ähnlichen Grundprinzipien gestalten, beispielsweise mit einem niedrigen, gut gewachsenen Baum als Mittelpunkt. So ist der Pagoden-Hartriegel (***Cornus controversa***) **'Variegata'** 🏆 (siehe Seite 29) ein elegantes Gehölz mit etagenförmig angeordnetem Geäst und cremefarben gesäumtem Blatt. Unterpflanzen Sie ihn großzügig mit Vorfrühlings-Alpenveilchen (***Cyclamen coum*** ssp. ***caucasicum***) **'Album'**, das im Winter und im zeitigen Frühjahr mit zarten weißen Blüten bezaubert, sowie mit immergrüner Gewöhnlicher Haselwurz (***Asarum europaeum***), einem attraktiven, verlässlichen Bodendecker mit glänzendem, dunkelgrünem, rundlichem bis nierenförmigem Blatt (siehe Gute Pflanzpartner Seite 187).

Durch Subtilität besticht auch ein grüner Garten

oder ein grünes Beet, dessen Reiz auf den deutlichen Form-, Textur- und Farbunterschieden des Blattwerks beruht. Eine schattige Farnsammlung beispielsweise kann sich trotz aller Zurückhaltung ausgesprochen spektakulär präsentieren (siehe Kasten Seite 84).

Auch ein Gartenbereich, der ausschließlich mit Blüten in zurückhaltenden Farben gestaltet ist, zeichnet sich durch eine ruhige Stimmung aus – eine besonders für schattige Bereiche geeignete Strategie. Überträgt man dies auf einen größeren Maßstab, so ist das Ergebnis ein rund ums Jahr attraktiver Waldgarten. Dieser sollte möglichst offen und natürlich gehalten werden, denn so sieht Wald am schönsten aus.

Besonders dezent wirken einfarbige pastellige Gestaltungen mit zarten Abstufungen im Farbton und in der Farbintensität. Ausgesprochen zart erweisen sich Hellblau, Pink, Violett, Grau und Silber sowie Beige und Braun oder aber nah damit verwandte Töne. Es stimmt jedoch nicht, dass kräftige Farben in der subtilen Gestaltung grundsätzlich nichts zu suchen haben: Wildwiesen sind ein gutes Beispiel für natürliches Understatement, an dem auch farbstarke Blumen beteiligt sind.

1 | Die Blütenstände des Gewöhnlichen Eschen-Ahorns (*Acer negundo* ssp. *negundo*) bestechen mit zartem Violett.

Der japanische Garten

Japanische Gärten sind perfekte Miniaturlandschaften; sie werden von Bäumen, Sträuchern, Kletterpflanzen, Gräsern, Farnen und Moosen beherrscht. Immergrüne geben den Rahmen vor und bringen interessante Oberflächenstrukturen und Formen ein, während bei der Wahl der laubabwerfenden Gehölze die Blüten und die Blattformen ausschlaggebend sind. Interessanterweise wird in Japan Schnee, der im Winter auf den Zweigen immergrüner Gehölze liegt, als eine besondere Variante von Blütenpracht angesehen. Manche Gärten beziehen die umliegende Landschaft in ihre Komposition ein, sei es ein schöner Ausblick oder ein benachbarter großer, Schatten spendender Baum, der zur Gartenkomponente wird. Heimische Arten im Garten zu versammeln, ist in Japan eine sehr alte Tradition; diese Praxis wird neuerdings von zahlreichen Gartenliebhabern in Nordamerika und Australien aufgenommen.

Rosige Blütenpracht mit Gräsern

Gräser garantieren zarte Eleganz. Das Gartensandrohr oder Garten-Reitgras (*Calamagrostis × acutiflora*) **'Karl Foerster'** ist eine exzellente, 100–150 cm hohe Sorte mit rosig bronzefarbener Blüte, die im Herbst allmählich zu Beige und Hellbraun verbleicht. Ausgesprochen zart wirkt auch das attraktive Silber-Chinaschilf (*Miscanthus sinensis*) **'Morning Light'** 🏆 (siehe auch Seiten 176/177), das 120 cm hoch wird. Sein schmales, überhängendes Laub wirkt durch den weißen Saum und Kiel silbrig; im Herbst treibt die Sorte graue, kastanienrot schimmernde Blütenpinsel.

Doch nicht nur Gräser zeigen verlässlich subtile Wirkung, sondern auch die Pflanzenfamilie der Doldenblütler mit ihren schirmförmigen Blütenständen. Eine elegante Ergänzung für eine hochsommerliche Rabatte zum Thema Pink ist z. B. der Gewöhnliche Wiesen-Kerbel (*Anthriscus sylvestris*) **'Ravenswing'** (siehe Seite 79) mit weißen Blütenschirmen zu bronzefarbenem, farnartigem Laub. Im Spätsommer setzen Prachtstauden große Farbtupfer ins Beet, darunter der Rote Scheinsonnenhut (*Echinacea purpurea*) mit Korbblüten in kräftigem Pink (siehe auch Seite 155) sowie diverse Sorten des Stauden-Phlox (*Phlox paniculata*), etwa **'Eva Cullum'**, eine reich blühende Form mit kräftig rosa leuchtender Blüte mit dunkler gefärbter Mitte, sowie die panaschierte **'Norah Leigh'** mit hellen, rosig violetten Blüten. Diese Stauden stehen etwa 1 m hoch. Auch Indianernesseln (*Monarda*) lohnen einen Blick, sind allerdings mehltauanfällig. **'Croftway Pink'** 🏆 blüht rosig auf bis zu 100 cm hohen Stielen. Der Große Wiesenknopf (*Sanguisorba officinalis*) lässt seine flaschenbürstenartigen rotbraunen Blütenköpfe auf 120 cm hohen Stielen wie dunkle Tupfen über dem Beet schweben. *Dierama pulcherrimum*, das unbedingt einen guten Winterschutz braucht, trägt seine rosa bis purpurroten Blütenglöckchen an bis zu 150 cm langen, grazil übergeneigten Stängeln.

Starke vertikale Akzente setzen Ährige Prachtscharten (*Liatris spicata*) mit ihren langen rosavioletten oder weißen Blütenähren sowie der Virginische Arzneiehrenpreis (*Veronicastrum virginicum* var. *sibiricum*) mit lavendelblauen Blütenkerzen über horizontal abgespreizten Blattquirlen. Der Blumen-Dost (*Origanum laevigatum*) **'Herrenhausen'** 🏆 mit seinen dichten Knäueln winziger, rosig violetter Blüten fügt sich hervorragend zwischen die Pflanzen im vorderen Beetbereich.

Möchten Sie einen zurückhaltend-naturhaften Eindruck erzielen, sollten Sie darauf achten, dass sich gleiche Arten und Sorten in Abständen in der Rabatte wiederholen.

2 | Pastellfarbene Blüten in unterschiedlichen Farb- und Helligkeitsstufen, wie bei dieser Woge von Etagen-Primeln (*Primula* ssp.), garantieren eine dezent zarte Stimmung.

3 | Silber-Chinaschilf (*Miscanthus sinensis*) 'Morning Light'

4 | Ährige Prachtscharte (*Liatris spicata*)

5 | *Dierama pulcherrimum*

6 | Garten-Reitgras (*Calamagrostis × acutiflora*) 'Karl Foerster'

7 | Indiandernessel (*Monarda*) 'Croftway Pink'

8 | Staudenphlox (*Phlox paniculata*)

3

4

5

6

7

8

Struktur und Textur durch Farne

Es gibt wunderbar architektonische winterharte Farne, beispielsweise den im Winter einziehenden Europäischen Straußenfarn (*Matteucia struthiopteris*) 🏆 (A) (siehe auch Seite 30), dessen hellgrüne unfruchtbare Wedel im Sommer über 120 cm hohe, aufrechte Blatttrichter bilden. Seine eher unscheinbaren dunkelbraunen, 30 cm hohen Sporenblätter erscheinen im Spätsommer. Der immergrüne Hirschzungenfarn (*Asplenium scolopendrium*) Crispum Grp. (B) bringt 30–60 cm hohes, ledriges, frischgrünes Laub mit gewelltem Rand hervor. Der Königsfarn (*Osmunda regalis*) 🏆 (C) ist ebenfalls eine auffällige Gestalt; er treibt im Frühjahr bis zu 100 cm hohe, leuchtend grüne sterile Farnwedel. Im Sommer gesellen sich dazu bis zu 200 cm hohe Wedel, deren oberer, brauner Teil die Sporenbehälter trägt. Auch die lanzettlichen, fein gefiederten Wedel des Spreuschuppigen Wurmfarns (*Dryopteris affinis*) 🏆 sind trichterförmig angeordnet. Das Hellgrün der jungen Wedel wandelt sich im Laufe des Sommers zu Dunkelgrün; oft bleibt das Laub den Winter über erhalten.

9 | Virginischer Arzneiehrenpreis (*Veronicastrum virginicum* var. *sibiricum*)

10 | Roter Scheinsonnenhut (*Echinacea purpurea*)

11 | Blumen-Dost (*Origanum laevigatum*) 'Herrenhausen'

12 | Großer Wiesenknopf (*Sanguisorba officinalis*)

9

10

11

12

Raffinesse

Raffinesse ist das Gegenteil von Natürlichkeit, und so waren die elegantesten, raffiniertesten britischen Gärten möglicherweise jene Anlagen des 18. Jahrhunderts, zu denen sich die Aristokratie auf ihren Europareisen inspirieren ließ. In Anlehnung an klassische italienische Landschaftsgemälde ließen die Heimkehrer ihre Gärten mit Tempeln und Statuen ausschmücken, deren Deutung eine klassische Bildung voraussetzte. Und doch gibt es verschiedene Arten von Raffinesse.

Einen herrlichen modernen Garten, auf den die Bezeichnung »kultivierte Eleganz« zutrifft, schuf David Hicks in Buckinghamshire. Die klassischen Einflüsse sind in seiner Anlage deutlich zu erkennen: Die Gestaltung beruht auf einer klaren formalen Linienführung, und sowohl die Farbpalette als auch die Zahl der Pflanzenarten sind beschränkt. Grün überwiegt; ergänzt wird es durch das Braun, Grau und Schwarz von Baumrinden und baulichen Elementen. Andere, kräftigere Farben haben nur einen gelegentlichen Gastauftritt. Was lernen wir daraus? Eleganz besteht in der Beschränkung auf das Wesentliche, und sorgfältig inszeniertes Grün kann unübertrefflich edel wirken.

2

3

Smarte Pflanzen

Das »kleine Schwarze« der Dame von Welt ist seit Langem das Kleidungsstück der Wahl für jeglichen Anlass, der nach Eleganz verlangt. Als gärtnerisches Gegenstück ließe sich die sorgfältig gestutzte immergrüne Hecke bezeichnen. In Europa haben formale Eibenhecken seit Jahrhunderten Tradition, was gewiss auch daran liegt, dass die Europäische Eibe (*Taxus baccata*) 🏆 als heimisches Gehölz immer zur Verfügung stand. Licht bringen Hecken aus Sträuchern mit panaschiertem Laub in den

Stechpalme (*Ilex*) als Heckengehölz

Manche immergrünen Stechpalmen, allen voran die Gewöhnliche Stechpalme (*I. aquifolium*) 🏆 und die Großblättrige Stechpalme (*I.* × *altaclerensis*) in Sorten, eignen sich ausgezeichnet als Heckenpflanzen. Ausgesuchte buntlaubige Zuchtformen sind *I. aquifolium* 'Handsworth New Silver' 🏆, eine weibliche Form, die sich durch auffällig dunkelpurpurnes Holz und ein schmales, mittelgrünes Blatt mit feinem cremefarbenem Saum auszeichnet (siehe Seite 181), die ähnlich gezeichnete männliche *I. aquifolium* 'Silver Queen' 🏆 mit breiterem Blatt sowie die historische Auslese *I. aquifolium* 'Ferox Argentea' 🏆, eine männliche Sorte mit breitem cremefarbenem Blattrand (siehe rechts und Seite 179). Setzen Sie sowohl weibliche als auch männliche Pflanzen, damit die Sträucher Früchte tragen.

1 | Edel und doch ganz untheatralisch: eine Kombination aus Stockrosen (*Alcea*) und rotlaubiger Weinrebe (*Vitis vinifera*) 'Purpurea'

2+3 | Ausgesprochen elegant wirken die sauber geschnittenen Buchshecken (*Buxus*) im Garten von Bourton House und die gestelzte Hainbuchenhecke (*Carpinus*) in der Gartenanlage von Hidcote Manor.

Bambus

Niedriger Bambus macht sich gut in kleineren Beeten und im Kübel. Hin und wieder ist ein Pflegeschnitt angebracht, ergänzt durch das Entfernen älterer Halme. *Shibataea kumasasa* ist eine problemlose Art, die sich gut für die Kübelhaltung eignet; dieser Bambus wird bis zu 60 cm hoch und trägt kräftig dunkelgrünes, lanzettliches Laub. Das hohle Rohr von *Pleioblastus auricomus* ist violett und grün gefärbt, sein Laub leuchtet gelb mit grünen Streifen; er wird etwa 120 cm hoch und breitet sich gern aus. Auch *P. variegatus* (links) bleibt mit etwa 100 cm recht niedrig; sein Laub ist cremefarben gestreift. *P. pygmaeus* 'Distichus' treibt hohle, mittelgrüne Halme mit violetter Spitze und zahlreichen linealischen, mittelgrünen Blättern; er wird etwa 75 cm hoch und ist ein ausgezeichneter Bodendecker unter Sträuchern. Die bis zu 150 cm hohe *Sasaella masamuneana* 'Albostriata' neigt zum Wuchern, lässt sich jedoch problemlos im Kübel halten. Ihr schlankes Rohr ist grün oder braun gefärbt, das schmal-elliptische Laub apfelgrün mit auffälligen weißen Streifen, die später vergilben.

Garten. Auch die glänzend belaubte Stechpalme (*Ilex*) ist ein bewährtes Heckengehölz (siehe Kasten Seite 87). Eine weitere formale Heckentradition stellt die gestelzte Hecke dar. Dazu werden Bäume mit Halb- oder Hochstamm entlang waagerecht gespannter Drähte oder mithilfe von Bambusstangen zum freistehenden Heckenspalier erzogen. Typische, für diese hochraffinierte Gestaltung verwendete Arten sind Hainbuche (*Carpinus betulus*) und Linde (*Tilia*). Auch Formschnitt verleiht dem Garten ein besonderes Flair. Beliebte Schnittobjekte sind Eibe (*Taxus*) und Buchs (*Buxus*), da sie sich hervorragend für diese Behandlung eignen. Doch auch andere Gehölze reagieren gut auf regelmäßiges Beschneiden. Eine gute Wahl für wintermilde Regionen ist die Schmalblättrige Steinlinde (*Phillyrea angustifolia*), eine Art aus dem Mittelmeerraum mit attraktivem lanzettlichem, dunkelgrün glänzendem Laub und unauffälliger grünlich weißer Blüte. Die Portugiesische Lorbeerkirsche (*Prunus lusitanica*) 🏆 lässt sich ebenfalls gut in Form bringen und ist zudem weniger kälteempfindlich als der Lorbeerbaum (*Laurus nobilis*) 🏆, dem sie sehr ähnlich sieht. Höchst elegant wirken auch Immergrüne mit auffällig glänzendem Laub und farbenprächtiger Blüte wie die Kamelien (*Camellia*, siehe Seite 90). Ob im Kübel oder – wo es die Witterung zulässt – ausgepflanzt: Mit solchen Gehölzen zieht Eleganz in den Garten ein. Edel wirkt auch ein kleines Heckenparterre, sei es aus Buchs (*Buxus*), aus Lavendel wie Englischem Lavendel (*Lavandula × intermedia*) 'Grosso' oder aus graulaubigen Pflanzen wie dem Grauen Heiligenkraut (*Santolina chamaecyparissus*) 'Lambrook Silver' oder dem frostempfindlichen Baum-Gamander (*Teucrium fruticans*).

4 | *Pleioblastus variegatus*

5 | Japanische Kamelie (*Camellia japonica*) 'Adolphe Audusson'

6 | Englischer Lavendel (*Lavandula × intermedia*) 'Grosso'

7 | Bartfaden (*Penstemon*) 'Alice Hindley'

8 | Berg-Waldrebe (*Clematis montana*) 'Tetrarose'

5

6

7

8

Ein minimalistischer Garten, der sich auf perfekt aufeinander abgestimmte, hochwertige Komponenten konzentriert, ist an Eleganz kaum zu übertreffen. Formprägnante Pflanzen, die das ganze Jahr ansehnlich bleiben, sind für eine solche Anlage von besonderem Wert. Unübersehbare Kandidaten sind die Palmlilie (*Yucca*) und in warmen Regionen die Keulenlilien (*Cordyline*) sowie die Aloe

Kamelien (*Camellia*)

Die Kamelienart mit der größten Sortenvielfalt ist die Japanische Kamelie (*C. japonica*); sie prunkt mit diversen Blütenfarben, -formen und -größen. Die meisten Sorten wollen vor der Mittagssonne geschützt stehen und gedeihen am besten in einem durchlässigen sauren Substrat, das mit reichlich Laubkompost oder gut verrottetem Pferde- oder Kuhmist angereichert wurde. Kann man ihnen in milden Lagen einen vor Wintersonne geschützten Platz und bei zu großer Kälte einen Winterschutz bieten, lassen sie sich durchaus in den Garten auspflanzen. Sicherer ist in jedem Fall jedoch eine ganzjährige Kübelkultur mit Überwinterung unter Glas. In der Ruhezeit wollen sie nicht zu feucht stehen, während der Wachstumsperiode hingegen sollte an Wasser nicht gespart werden.

'Billie McCaskill' (A) gilt als relativ frostharte Kamelie und trägt rosafarbene, halbgefüllte Blüten. Der Liebhaber gestreifter Blüten wird an 'Oki-No-Nami' (B) Gefallen finden; sie schmückt sich mit mittelgroßen, halbgefüllten hellrosa Blüten mit roten Streifen, Sprenkeln und Flecken. 'Adolphe Audusson' 🏆 ist eine der kältetolerantesten Kamelien und verträgt Frost bis etwa -18 °C. Sie wächst als kompakter Strauch und öffnet ihre großen, halbgefüllten, korallenroten Blüten im zeitigen Frühjahr.

(*Aloe*) mit ihren Blattschwertern. In jüngster Zeit erfreut sich auch Bambus wachsender Beliebtheit; die kleineren Arten sind gut für die Kübelhaltung geeignet und geben in einer modern-minimalistischen Gestaltung ein ausgesprochen stilvolles Bild ab (siehe Seite 88).

Formales Sonnenbeet in Schwarz, Weiß, Silber

Ein schlichtes, geradliniges Brunnenelement – ein rechteckiges Wasserbecken, ein Kanal oder eine steingefasste Wasserrinne – kündet auf den ersten Blick von Eleganz und ist der perfekte Ankerpunkt für die folgenden Pflanzvorschläge. Umschließen Sie einen so gestalteten Garten mit Gitterwerk, das Sie in neutralen Farben lackieren, beispielsweise hellgrau.

Säumen Sie ein Spiegelbecken oder eine Pflasterfläche mit Beeten, die Sie mit niedrigen Buchshecken (*Buxus*) einfassen. Zickzackhecken suggerieren einen vereinfachten Knotengarten. Empfehlenswert ist hierfür Einfassungs-Buchs (*B. sempervirens*) 'Suffruticosa' 🏆. Bepflanzen Sie die Zwischenräume mit weißen Traubenhyazinthen (*Muscari*) und schwarzlaubigem Schwarzem Schlangenbart (*Ophiopogon planiscapus*) 'Nigrescens' 🏆 (siehe auch Seite 20 und 22). Für das Frühjahr stecken Sie Tulpen (*Tulipa*) wie 'Black Hero' und 'Snow Parrot', die Sie später durch weiße Sommerblumen ersetzen – hier bieten sich Löwenmäulchen (*Antirrhinum*) an. In Abständen gepflanzte Rosenstämmchen unterstreichen die Formalität der Gestaltung; eine gute Kandidatin ist die weiß blühende Englische Duftrose *Rosa* 'Winchester Cathedral'. Gesellen Sie dazu beispielsweise silbern gezeichnete Purpurglöckchen (*Heuchera*) 'Mint Frost', silberlaubigen Weißen Beifuß (*Artemisia ludoviciana*) 'Silver Queen' 🏆 (siehe Seite 58), Horn-Veilchen (*Viola cornuta*) 'Bowles' Black' und den überreich blühenden weißen Bartfaden (*Penstemon*) 'White Bedder' 🏆. Gute Alternativen sind auch die weiße Große Skabiose (*Scabiosa caucasica*) 'Perfecta Alba' und die nahezu schwarzblütige Samt-Skabiose (*S. atropurpurea*) 'Ace of Spades'.

Eine attraktive Ergänzung für eine solche Gestaltung stellt eine Laube dar; die zuckrig rosa blühende, dunkellaubige Berg-Waldrebe (*Clematis montana*) 'Tetrarose' macht sie zum Blickfang. Große Kübel mit Fädiger Palmlilie (*Yucca filamentosa*) 'Variegata' 🏆, schwarz blühende Spornlose Akelei (*Aquilegia vulgaris* var. *stellata*) 'Black Barlow' und als zarter fliederblauer Tupfen der Bartfaden (*Penstemon*) 'Alice Hindley' runden das Bild ab.

9 | Große Skabiose (*Scabiosa caucasica*) 'Perfecta Alba'

10 | Schwarzer Schlangenbart (*Ophiopogon planiscapus*) 'Nigrescens'

11 | Tulpe (*Tulipa*) 'Black Hero'

12 | Weißer Beifuß (*Artemisia ludoviciana*) 'Silver Queen'

Die Jahreszeiten

Mit ein wenig Geschick lässt sich jeder Garten so anlegen, dass er uns das Jahr hindurch mit schönen Farben erfreut und zugleich jahreszeitliche Stimmungsbilder erzeugt. Nehmen Sie sich bei der Auswahl Ihrer Pflanzen möglichst die Natur zum Vorbild: Im Frühling überwiegen in Feld und Flur Gelb und Blau, der Sommer wartet anfangs mit zartem Rosa und Violett und später mit einem Überschwang an Rot auf. Der Herbst bringt ein Feuerwerk von Orange, Rot und Ocker, und der Winter schließt den Reigen mit einer Komposition aus Grau, Braun, Silber, Weiß und Grünschattierungen.

Im Frühjahr überziehen Atlantische Hasenglöckchen (*Hyacinthoides non-scripta*) den Boden eines Waldgartens.

1

Frühjahrsbeginn

Im zeitigen Frühjahr kommt irgendwann der Tag, an dem man bei der Gartenerkundung bemerkt, dass die winterliche Palette aus Weiß, Silber, Grau, Beige und Braun von helleren Farben mit ganz anderer Strahlkraft abgelöst wurde. Auf einmal führen Zitronengelb und Grün die Regie, dazu gesellt sich Blau in allen Variationen, und hier und dort finden sich Tupfen von Rot, Orange, Rosa und Violett.

Der Frühlingsbeginn weckt unsere Lebensgeister mit frischen, klaren Farben. Tagtäglich entdecken wir Neues im Garten – ein Büschel Krokusse (*Crocus*), die ihre Blütenkelche im Sonnenlicht weit öffnen, einen Lieblingsstrauch, der über Nacht von Blüten betupft wurde oder einen zarten grünen Blätterkranz, der sich aus dem Boden schiebt. Für den Gärtner bricht jetzt eine überaus spannende Zeit an. Ich persönlich freue mich über jede Kleinigkeit, die die Natur nun zu bieten hat, und lasse ihr daher froh ihren Lauf – nur selten greife ich korrigierend in die Farbenpracht ein, mit der der Garten aufwartet.

Gelbe Blüten

Das reichliche Gelb zu Beginn der neuen Saison verdanken wir vor allem den frühen Zwiebelpflanzen, aber auch Sträuchern wie Zaubernuss (***Hamamelis***, siehe Seiten 186 und 189), Forsythie (***Forsythia***) und manchen Berberitzen (***Berberis***).
Unbestrittene Herrscherinnen im Frühlingsgarten sind die Narzissen (***Narcissus***), die nun ihre Pracht entfalten (nur wenige Arten sind Herbst- oder Vorfrühlingsblüher). Edelsteinen gleich funkeln zwergenhafte Wildnarzissen: die Alpenveilchen-Narzisse (***N. cyclamineus***) 🏆 mit langer, schmaler

Nebenkrone und nach hinten gebogenen Blütenblättern sowie die Kleine Narzisse (*N. minor*) 🏆, deren reingelbe Blüte auf 10 cm kurzen Stängelchen steht. Anmutige Kulturvarianten sind die hochwillkommene frühe Sorte **'February Gold'** 🏆 mit leuchtend gelber Blüte auf hohem Stiel (siehe Seiten 99 und 104) sowie **'Jenny'** 🏆, die ihre sahneweißen Blütenblätter mit einer zitronengelben Nebenkrone kombiniert – später verbleicht diese zur Farbe der Hauptkrone. Es gibt Narzissen für jeglichen Geschmack; für mich allerdings sind die kleinen Wildarten und zierliche Kultursorten die unbestrittenen Stars (siehe Seiten 104/105).

Auch frühe Tulpen (*Tulipa*) können mit gelber Farbe aufwarten. Die niedrige wilde Kaufmanns Tulpe (*T. kaufmanniana*) öffnet bei Sonnenschein ihre zartgelben, außen rosig überlaufenen Blüten zu flachen Tellern. Auch in manchen ihrer Zuchtformen ist das Gelb erhalten, etwa bei der Sorte **'Berlioz'** mit rötlich angehauchten zitronengelben Blütenblättern (weitere frühe Tulpen siehe Seite 101).

Der bekannteste gelbe Frühlingsstrauch ist die ausgesprochen pflegeleichte Forsythie (*Forsythia*), die fast jeden Standort toleriert. Darüber hinaus gibt es eine Reihe weiterer Blütensträucher, die zwar nicht ganz so robust sind, dafür aber mit angenehm subtilen Gelbvarianten aufwarten. Die winterkahlen Scheinhaseln der Gattung *Corylopsis* sind mit der Zaubernuss (*Hamamelis*) verwandt und öffnen wie diese ihre Blüten bereits sehr zeitig vor dem Blattaustrieb. Als typische Waldgeschöpfe bevorzugen sie einen halbschattigen Standort und verlangen nach nährstoffreichem, frischem, saurem Boden. Die Niedrige Scheinhasel (*C. pauciflora*) 🏆 fasst ihre zartgelben, süß duftenden Blütenglöckchen zu 8 cm langen Büscheln zusammen. Dieser ausladende Strauch kann eine Größe von 1,5 × 2,5 m erreichen. Die Kahle Scheinhasel (*C. glabrescens*) wird bis zu 5 × 5 m groß, ihre Blütenbüschel aber werden nicht länger als 2,5 cm. Die zitronengelben Blüten der Chinesischen Scheinhasel (*C. sinensis* 🏆, siehe Seite 33) stehen in 8 cm langen Ähren beisammen; diese wüchsige Art wächst zu einem sparrigen Strauch von 4 × 4 m heran.

1 | Narzissen gibt es in unterschiedlichster Größe und Form; nur wenige Zuchtformen können es jedoch mit der Eleganz der wilden Alpenveilchen-Narzisse (*Narcissus cyclamineus*) aufnehmen.

2 | Magnolie (*Magnolia*) 'Elizabeth'

3 | Garten-Forsythie (*Forsythia × intermedia*) 'Weekend'

4 | Niedrige Scheinhasel (*Corylopsis pauciflora*)

Ungewöhnliche, reizvolle Waldwesen sind auch die Arten der Gattung ***Stachyurus*** mit besonders langen Blütentrauben an kahlen Zweigen. Wie Scheinhaseln verlangen sie nach nährstoffreichem, lockerem, durchlässigem, saurem Boden, akzeptieren jedoch neben Halbschatten auch einen sonnigen Standort. Besonders attraktiv wirken sie vor einer Wand oder Mauer. Der Japanische Perlschweif (*S. praecox* ♀, siehe Seite 186) ist eine laubabwerfende, locker breitwüchsige Art, deren übergebogene Zweige mit höchst dekorativen, rund 15 cm langen, blass grünlich gelben Blütentrauben behängt sind. Liebhaber von panaschiertem Laub lassen sich von **'Magpie'** verführen – diese Sorte trägt mittelgrünes Laub mit breitem cremefarbenem Saum und bleibt mit ihrer endgültigen Höhe von 1,5 m bei einer Breite von 2 m kleiner als die Art.
Die Magnolie (***Magnolia***) **'Elizabeth'** ♀ blüht zur Frühjahrsmitte; sie öffnet ihre blassgelben Blüten meist früher als die Blattknospen, spätestens aber zeitgleich mit diesen. Das pyramidenförmige Gehölz erreicht eine Größe von 10 × 6 m und entwickelt sich dort, wo ihm genügend Platz zur Verfügung steht, zu einem herrlich anzusehenden Solitär (weitere Magnolien siehe Seiten 102/103). Wer sich aufgrund von Platzmangel auf einen kleineren Strauch beschränken muss, findet mit der Garten-Forsythie (***Forsythia* × *intermedia***) **'Weekend'** oder mit der kleinen ***F.* 'Mêlée d'Or'** geeignete Kandidaten.
Da sich das Erdreich im zeitigen Frühjahr gerade erst zu erwärmen beginnt, stehen noch nicht viele Stauden in Blüte. Besonders wenige davon blühen gelb. Eine Ausnahme ist die Gelbe Scheinkalla (***Lysichiton americanus***), eine nordamerikanische Sumpfpflanze, deren Blüte mit großem, leuchtend gelbem Hochblatt noch vor dem bis zu 100 cm hoch werdenden Laub erscheint. Auch die ein wenig kuriose ***Valeriana phu*** **'Aurea'** erhellt das Frühjahr mit hellem Gelb – allerdings ist es bei dieser Staude das farnartig zerteilte Laub, das in dieser Farbe aus dem Boden treibt. Sein Gelb ist jedoch nicht von Dauer, denn die Blätter vergrünen zusehends, bis sie im Hochsommer schließlich mandelgrün leuchten.

Weiße Blüten

Auch wenn in unseren Gärten im zeitigen Frühjahr das Strahlen der gelben Blüten unübersehbar ist – diese Farbe ist nicht allein verantwortlich für die Verwandlung, die nun stattfindet. Eine große Rolle spielen auch die weißen Frühlingsblüher, vom winzigen Krokus (***Crocus***) über attraktive Sträucher wie die Stern-Magnolie (***Magnolia stellata***) ♀ bis hin zu erlesenen Bäumen wie der März-Kirsche (***Prunus incisa***). Keine dieser Pflanzen bringt jedoch schönere Blüten hervor als die oft jetzt erst in Erscheinung tretenden späten Schneeglöckchen (***Galanthus***), beispielsweise **'S. Arnott'** ♀ und **'Magnet'** ♀ (siehe Seite 185). Auch die Chinesische Scheinquitte (***Chaenomeles speciosa***) **'Nivalis'** wartet mit weißen Blüten auf. Zwar verfügt sie über eine geringere Fernwirkung als rot oder rosa blühende Sorten (siehe Seite 101), doch vor Mauerwerk erscheint sie wesentlich gefälliger.
Weiße und cremefarbene Krokusse (***Crocus***) sind exzellente Begleiter für die kleineren Narzissen (*Narcissus*). ***C. sieberi*** **'Bowles' White'** (siehe Gute Pflanzpartner Seite 99) blüht reinweiß mit orangefarbenen Griffeln, während ***C. biflorus*** **'Miss Vain'** sich durch weiße Blütenblätter und einen hellzitronengelben Schlund auszeichnet. Der Kleine Krokus (***C. chrysanthus***) **'Snow Bunting'** ♀ blüht elfenbeinfarben mit einem Hauch Graublau auf der Petalenaußenseite, während der Weiße Krokus (***C. vernus*** **ssp.** ***albiflorus***) **'Jeanne d'Arc'** weiße Blütenblätter mit violettem Grund trägt. Auch beim Lungenkraut (***Pulmonaria***) findet sich die Farbe Weiß – es gibt sowohl Sorten mit geflecktem Laub als auch solche mit weißen Blüten, so etwa **'Sissinghurst White'** ♀.
Die Arten der Gattung ***Helleborus*** hybridisieren eifrig, was hin und wieder weiß blühende Kreuzungen zum Ergebnis hat. Die Blüten dieser Hybriden sind dabei mal reinweiß, mal weisen sie einen rosa gesprenkelten Petalengrund auf.

---

5 | Nieswurzhybride (*Helleborus*)

6 | Kleiner Krokus (*Crocus chrysanthus*) 'Snow Bunting'

7 | Stern-Magnolie (*Magnolia stellata*)

8 | Chinesische Scheinquitte (*Chaenomeles speciosa*) 'Nivalis'

9 | Lungenkraut (*Pulmonaria*) 'Sissinghurst White'

Empfehlenswerte Duftgehölze für das zeitige Frühjahr Chinesische Winterblüte (*Chimonanthus praecox*) 'Luteus' • Wohlriechende Heckenkirsche (*Lonicera fragrantissima*) • *Mahonia* × *media* 'Lionel Fortescue'

5

6

7

8

9

Blaue und violette Blüten

Blau stellt im zeitigen Frühjahr einen besonders willkommenen Kontrast zum dominierenden Gelb dar; sowohl bei den Stauden als auch bei den Zwiebelpflanzen finden wir es in unterschiedlichen Schattierungen. Besonders unkompliziert ist Kriechender Günsel (*Ajuga reptans*) mit seinen blauen Blütenkerzen, ein hervorragender Bodendecker für den Bauerngarten. Neben grünlaubigen Formen gibt es Kulturformen mit bronzefarbenem oder sogar buntscheckigem Laub, und einige Sorten blühen weiß oder rosa. 'Atropurpurea' ist eine besonders schöne Sorte mit bronzeviolettem Laub und dunklen, blauvioletten Blüten.

Ähnlich anspruchslos ist das Lungenkraut (*Pulmonaria*), von dem einige hervorragende Sorten mit blauer Blüte ohne andere Farbbeimischungen existieren, so die dunkelblaue Auslese 'Mawson's Blue' und die blauviolette 'Blue Ensign' (siehe auch Seite 66 sowie Gute Pflanzpartner Seite 100).

Kaum eine Frühlingsblume leuchtet so intensiv blau wie *Scilla siberica* 🏆, eine Zwiebelpflanze mit kräftig azurblauer Blüte. Die verwandte ***S. mischtschenkoana*** 🏆 (siehe Gute Pflanzpartner Seite 99) blüht in hellem Blausilber, und der Blaue Schneeglanz (*Chionodoxa forbesii*) 🏆 bringt hellblaue Blüten mit weißer Mitte hervor. Das Balkan-Windröschen (*Anemone blanda*) 'Blue Shades' (siehe Gute Pflanzpartner Seite 99) leuchtet in schönen Violetttönen; aus seinen Speicherorganen treibt es seine Blüten ebenso gern an sonnigen Standorten wie unter hohen, winterkahlen Bäumen. Der Kleine Krokus (*Crocus chrysanthus*) 'Blue Pearl' 🏆 blüht zart lavendelblau.

Wenn wir an die Farben des Frühlings denken, steht Violett wahrscheinlich nicht an erster Stelle, und doch beeindruckt einer der beliebtesten Frühlingsboten mit dieser Farbe: das wilde Hain-Veilchen (*Viola riviniana*). Auch manche Auslesen des Balkan-Windröschens (*Anemone blanda*) 🏆 tragen violette Blüten. Von dem zart bis kräftig fliederfarbenen Dalmatiner Krokus (*Crocus tommasinianus*) existieren unter anderem die purpurfarbene Auslese

10 | Kriechender Günsel (*Ajuga reptans*) 'Atropurpurea'

11 | Lungenkraut (*Pulmonaria*) 'Blue Ensign'

12 | Dalmatiner Krokus (*Crocus tommasinianus*) 'Ruby Giant'

13 | Dalmatiner Krokus (*Crocus tommasinianus*)

14 | Kleiner Krokus (*Crocus chrysanthus*) 'Blue Pearl'

15 | *Scilla mischtschenkoana*

Gute Pflanzpartner

Die fröhlich gelben Blüten des Kleinen Winterlings (*Eranthis hyemalis*) 🏆 (A) harmonieren hervorragend mit dem Weiß und Orange der Blüten von *Crocus sieberi* 'Bowles' White' (B).

Die zart gestreiften, blausilbrigen Blüten von *Scilla mischtschenkoana* 🏆 (C) stehen in hübschem Kontrast zur niedrigen Wildtulpe *Tulipa tarda* 🏆 (D), deren weit geöffnete Blüten kräftig gelb leuchten.

Die goldgelben Bluten der Narzisse (*Narcissus*) 'February Gold' 🏆 (E) strahlen neben dem Blau des Balkan-Windröschens (*Anemone blanda*) 'Blue Shades' (F) gleich doppelt so intensiv.

16

17

'Ruby Giant' sowie die blauviolette Sorte 'Whitewell Purple'.

Weniger bekannt als der Krokus ist bei uns der Frühlingsstern (*Ipheion*), und doch ist diese südamerikanische Zwiebelpflanze genauso schön und unkompliziert – es lohnt sich, sie zu verwenden. Ihre Hauptblüte liegt in der Frühjahrsmitte, bei milden Temperaturen öffnen sich die Knospen schon eher. Die zart fliederblauen Blüten des Frühlingssterns (*Ipheion uniflorum*) 'Wisley Blue' 🏆 zeigen sich mitunter bereits im Spätwinter.

Später in dieser Jahreszeit gesellen sich noch viele andere blaue und violette Blüten zu der Schar, denn dann entfalten die ersten Stauden – Vergissmeinnicht (*Myosotis*), Gedenkemein (*Omphalodes*) und Kaukasusvergissmeinnicht (*Brunnera*), Enzian (*Gentiana*) und Blauglöckchen (*Mertensia*) – sowie Zwiebelpflanzen wie die Hasenglöckchen (*Hyacinthoides*) ihre Pracht.

Rosa und Rot

Unübersehbares Pink steuert im Frühjahr der Gewöhnliche Seidelbast (***Daphne mezereum***) bei, unterstützt von verschiedenen Sorten der Nieswurz (***Helleborus***) sowie des Vorfrühlings-Alpenveilchens

16 | Frühlingsstern (*Ipheion uniflorum*) 'Wisley Blue'

17 | Burkwoods Schneeball (*Viburnum × burkwoodii*) 'Anne Russell'

Gute Pflanzpartner

Die blauen Blüten der Armenischen Traubenhyazinthen (*Muscari armeniacum*) zeigen sich im April/Mai, wenn langsam auch die kanariengelbe, zierliche Engelstränen-Narzisse (*Narcissus*) 'Hawera' 🏆 ihre Blüten öffnet (A, siehe auch Seite 105).

Die blauviolette Blüte und das dunkle Laub des Lungenkrauts (*Pulmonaria*) 'Blue Ensign' (B) liefern den perfekten Kontrast zur frühen Tulpe *Tulipa turkestanica* 🏆 (C) mit ihren teils gelben, teils cremeweißen Blütenblättern.

A

B

C

(*Cyclamen coum* ♀, siehe Seite 44). Rosiges Creme und Weiß sind die Farben der winterblühenden Schneeballarten (*Viburnum*), darunter der immergrüne Lorbeer-Schneeball (*V. tinus*) sowie der laubabwerfende Bodnant-Schneeball (*V. × bodnantense*) 'Dawn' ♀ (siehe Seite 193); bei beiden halten sich die Blüten bis in den Frühling hinein. Später erblühen auch andere Arten und Sorten, so der halbimmergrüne Burkwoods Schneeball (*V. × burkwoodii*) 'Anne Russell' ♀, dessen rosa Knospen sich zu duftenden porzellanweißen Blüten öffnen.

Schein- und Zierquitten (*Chaenomeles*)

Im zeitigen Frühjahr beginnen auch die Schein- und Zierquitten ihre bezaubernden Schalenblüten zu öffnen, und das in unübersehbar leuchtenden Farben wie Zinnoberrot, Blutrot, kräftiges Rosa und Weiß. Zu den verlässlichsten Zierquitten (*C. × superba*) zählen die beiden blutroten Sorten 'Knap Hill Scarlet' ♀ und 'Nicoline' ♀, von denen letztere bisweilen halbgefüllte Blüten trägt. 'Crimson and Gold' ♀ (A) blüht noch dunkler rot und wächst zu einem eher niedrigen, breitwüchsigen Strauch heran (siehe auch Seite 42); 'Pink Lady' ♀ ist eine der zeitigsten Sorten und blüht in kräftigem Rosa. Heller bleibt die Chinesische Scheinquitte (*C. speciosa*) 'Moerloosei' ♀ (B) mit hübschen, zartrosa bis sahneweißen Blüten, die an Apfelblüten erinnern.

Frühe Tulpen (*Tulipa*)

Tulpen begeistern mit ihrem immensen Farbenreichtum und laden zu Experimenten mit Lila, Rot, Orange, Pink, Apricot und Gelb ein. Durch sorgfältige Auswahl kann der Gartenfreund das komplette Spektrum von Tiefviolett bis Reinweiß abdecken. Die zeitigsten Tulpen öffnen ihre Blüten bereits im Vorfrühling; wer außerdem frühe, mittelfrühe und späte Sorten pflanzt, kann sich etwa vier Monate lang – vom Winterausklang bis zum Frühjahrsende – an der Blütenpracht erfreuen.
Zu den besonders zeitigen Blühern zählt *T. turkestanica* (siehe Gute Pflanzpartner Seite 100), eine Wildtulpe mit bis zu zwölf grün gestreiften, elfenbeinfarbenen Blütensternen an jedem Stängel. Von einem angenehmen Duft kann man bei dieser Tulpe nicht unbedingt sprechen, doch das sollte kein Grund sein, auf diese robuste Wildform zu verzichten. Andere frühe Tulpen sind die reich blühende Kretische Tulpe (*T. saxatilis*) 'Lilac Wonder' ♀ (oben) mit hellrosa Blütenblättern und gelbem Blütengrund sowie die elegante Damen-Tulpe (*T. clusiana*). Auch in ihrer Blüte dominiert Weiß, doch die Außenseite ist dunkelpinkviolett gestreift, und der Blütengrund

leuchtet rot bis violett. Auf den bis zu 30 cm hohen Stängeln sitzen ein bis zwei zunächst schalenförmige Blüten, die sich später zu flachen Sternen öffnen. *T. biflora* bringt relativ zeitig – oft bereits im Spätwinter – grünlich rosa überlaufene, duftende weiße Blüten hervor, die sich zu einem Blütenstern mit goldgelber Mitte öffnen. *T. humilis* 'Eastern Star' besitzt ebenfalls einen gelben Blütengrund, ihre Blütenblätter jedoch sind magentafarben.

Weitere empfehlenswerte Gehölze für das zeitige Frühjahr Berberitze (*Berberis*) 'Goldilocks' • Lorbeer-Seidelbast (*Daphne laureola*) • Winter-Jasmin (*Jasminum nudiflorum*) • Japanische Aprikose (*Prunus mume*) 'Beni-chidori' • Blut-Johannisbeere (*Ribes sanguineum*) 'Pulborough Scarlet'

A
B
C

Pflanzenporträt

Magnolien (*Magnolia*)

Magnolien zählen zu den atemberaubendsten Gehölzen, die uns für den Garten zur Verfügung stehen. Mit unübertroffen eleganten kelch-, schalen- oder sternförmigen Blüten in Rosa, Violett, Weiß, Elfenbein, Hellgelb oder Grün sind sie perfekte Kandidaten für die Einzelstellung, wo sie konkurrenzlos zur Geltung kommen. Bereits im Spätwinter oder zeitigen Frühjahr blühen etliche Magnolien am kahlen Holz, während andere ihre Knospen später im Frühjahr, im Sommer oder auch erst im Herbst öffnen.
Von den 125 Arten sind manche immergrün, andere laubabwerfend - so auch die hier vorgestellten Magnolien. Am häufigsten treffen wir im Stadt- wie auch Landgarten die Tulpen-Magnolie (*M.* × *soulangeana*) an, die sich zu einem ausladenden Baum oder Großstrauch entwickelt. Ein ausgewachsenes Exemplar kann eine Kronenbreite von 6 m aufweisen - da ist schon ein recht großer Garten nötig. Doch auch wer nicht so viel Platz hat, dürfte eine Magnolie nach seinem Geschmack finden, denn es gibt zahlreiche attraktive kleinere Arten. Die Stern-Magnolie (*M. stellata*) 🏆 etwa ist ein schöner, weiß blühender Großstrauch, der nicht zu viel Raum für sich beansprucht (siehe Seite 97).
So elegant sich die Magnolien auch präsentieren - Prinzessinnenallüren liegen dieser Gattung fern. Die Gehölze bevorzugen frischen, durchlässigen, humosen Boden, der nach Möglichkeit neutral oder leicht sauer sein sollte. Die meisten tolerieren jedoch ein gewisses Maß an Kalk, allen voran *M.* × *loebneri* und die Stern-Magnolie (*M. stellata*) mit ihren Sorten. Pflanzen Sie Ihre Magnolie möglichst dort, wo sie sich ungehindert entfalten kann, denn ein Rückschnitt ist weder gefordert noch angebracht: Er würde den anmutigen natürlichen Habitus zerstören. Sehr frühe Arten verlangen nach einem möglichst geschützten Platz, da ihre Blüten häufig unter Spätfrost oder kaltem Wind leiden.

***M.* × *loebneri* 'Leonard Messel'** 🏆 (A) öffnet ihre Blütensterne mit zwölf gewellten Blütenblättern in zartem Fliederrosa noch vor den Blattknospen. Der rundliche Strauch erreicht eine Größe von 8 × 6 m.

'Susan' 🏆 (B) trägt duftende, schlanke Blütenkelche mit schmalen, leicht gezwirbelten Blütenblättern, die außen kräftig purpurn, innen heller sind. Mit maximal 4 × 3 m Größe ist dies eine relativ kompakte Züchtung.

Die **Stern-Magnolie (*M. stellata*) 'Centennial'** (C) ist eine kompakte Sorte mit dekorativen, pelzigen Knospen, die sich zu reinweißen, mit zahlreichen Petalen gefüllten Blütensternen öffnen. Die Blüten können fast 15 cm Durchmesser erreichen. Der Großstrauch blüht überreich noch vor dem Blattaustrieb.

D

M.* × *soulangeana, die Tulpen-Magnolie (D), wird 6 × 6 m groß und trägt kelchförmige Blüten. Die an der Basis kräftig rosavioletten Blütenblätter hellen zum oberen Rand hin auf. Die Blütenknospen öffnen sich kurz vor dem Blattaustrieb.

Weitere empfehlenswerte Magnolien

- **'Galaxy'** 🏆: sommergrüner, kegelförmiger Baum von 12 × 8 m, mit 12 cm großen Tulpenblüten in sattem Pinkviolett am kahlen Holz
- **'Heaven Scent'** 🏆: großer Strauch oder mittlerer Baum mit duftender Blüte von 10 × 10 m Größe; rosa überlaufene Petalen, innen weiß, außen mit einem dunkleren Streifen; blüht bis in den Frühsommer hinein
- **Wilsons Magnolie (*M. wilsonii*)** 🏆: breitwüchsiger Strauch oder kleiner Baum von 6 × 6 m Größe; kopfüber hängende, exquisite weiße Blüten mit einem großen Büschel blutroter Staubgefäße

Pflanzenporträt

Miniatur- und Zwergnarzissen (*Narcissus*)

Die beliebten Osterglocken und Narzissen unserer Gärten stammen von zahlreichen verschiedenen wilden Narzissenarten aus der gesamten Mittelmeerregion und Westasien ab. Narzissen sind Zwiebelpflanzen. Sechs weit abgespreizte Petalen bilden die Hauptkrone (das Perianth) und umgeben die verwachsene Nebenkrone (Paracorolla), die manchmal auch als Trompete bezeichnet wird. Die Nebenkrone kann sehr kurz bis auffällig groß sein, weit geöffnet bis lang und schmal. Die Wildarten unterscheiden sich sehr in der Blütenform, bleiben jedoch meist unter 30 cm hoch. Ihr Lebensraum sind Wiesen in unterschiedlichsten Lagen, von Küstenebenen bis hin zu Gebirgshöhen; ihre Färbung reicht von Weiß über Cremefarben bis hin zu Gelb.
Die Kultursorten sind weitaus vielfältiger gefärbt als die Wildnarzissen, obgleich viele – besonders die Miniatur- und Zwergsorten – lediglich ein oder zwei Generationen von der Wildform entfernt sind. Die Unterteilung der Kultursorten in zwölf Klassen ermöglicht einen Überblick über die vielen Tausend Varianten; jede der Klassen zeichnet sich durch bestimmte Charakteristika aus. Dabei sind in Klasse 12 all die Sorten zusammengefasst, die sich keiner anderen Klasse zuordnen lasse, während die Wildnarzissen in der eigenen Klasse 13 versammelt sind.

'February Gold' 🏆 (A) ist eine beliebte gelbe Narzisse mit leicht zurückgebogenen Blütenblättern (siehe Gute Pflanzpartner Seite 99).

'Thalia' (B), eine Engelstränen-Narzisse, öffnet zur Frühlingsmitte an jedem Stängel bis zu drei exquisite reinweiße Blüten.

Narzissen im Garten

Die kleineren Narzissen kann man ebenso wie ihre größeren Verwandten in Töpfen, in Rabatten und im Steingarten ziehen oder im Gras auswildern. Hybriden der Engelstränen-Narzisse (*N. triandrus*) 🏆 und der Echten Jonquille (*N. jonquilla*) 🏆 fühlen sich im Beet und im Alpinum wohl, wo sie schon früh im Jahr für Farbe sorgen. Für Reifrocknarzissen und Tazetten empfiehlt sich die Haltung im Kübel, im Hochbeet oder im frostfreien Gewächshaus, wo für perfekte Bedingungen gesorgt werden kann.
Die wilde Osterglocke (*N. pseudonarcissus*) 🏆 und die Alpenveilchen-Narzisse (*N. cyclamineus* 🏆, siehe Seite 94) lassen sich im Gras auswildern, ebenso die Sorte *N.* 'Jack Snipe' 🏆. *N. cyclamineus* gedeiht allerdings nur auf sehr frischem saurem Boden, während 'Jack Snipe' in Bezug auf die Bodenverhältnisse nicht sehr wählerisch ist.
Auf mäßig fruchtbarem, durchlässigem, während der Wachstumsphase frischem Boden fühlen sich Narzissen am wohlsten. Die Zwiebeln werden im Herbst doppelt bis maximal dreimal so tief gepflanzt, wie sie hoch sind, im Gras ausgewilderte Zwiebeln etwas tiefer.
Ausgesprochen dekorativ ist ein Arrangement aus Töpfen, von denen jeder mit einer einzigen Miniatur- oder Zwergnarzissensorte bepflanzt ist. In Beeten und Rabatten passen diese Blumen hervorragend zu spät blühenden Schneeglöckchen (*Galanthus*), Vergissmeinnicht (*Myosotis*), Lungenkraut (*Pulmonaria*) und Krokussen (*Crocus*) in Blau oder Weiß sowie zu Blattschmuckstauden wie der Haselwurz (*Asarum*).

'Hawera' 🏆 (C), ebenfalls eine Engelstränen-Narzisse, trägt im April/Mai nickende Blüten in hellem Zitronengelb, die im Wind schaukeln (siehe Gute Pflanzpartner Seite 100).

Die Blüten der Osterglocke (***N. pseudonarcissus***) 🏆 (D) kombinieren eine gelbe Nebenkrone mit durchscheinend hellgelben Blütenblättern. Nach einer Eingewöhnungsphase vermehrt sich diese reizende Art willig im Gras und unter Bäumen (siehe Gute Pflanzpartner Seite 187).

'Canaliculatus' (E) trägt weit zurückgebogene weiße Petalen und eine rundliche gelbe Nebenkrone. Die süß duftende Sorte benötigt durchlässigen Boden und will im Sommer heiß und trocken stehen.

'Minnow' 🏆 (F) kombiniert sahneweiße Blütenblätter mit einer hellgelben Nebenkrone. An jedem der bis zu 18 cm hohen Stiele trägt sie vier bis fünf Blüten.

'Jetfire' 🏆 (G) ist eine adrette, früh und reich blühende Cyclamineus-Hybride. Ihre Blütenblätter leuchten goldgelb; die lange Nebenkrone nimmt mit der Zeit einen kräftigen Orangeton an.

Weitere empfehlenswerte Narzissen

- **'Baby Moon'** 🏆: bis zu sechs leuchtend gelbe, duftende Blüten an jedem 15 cm hohen Stängel
- **'Fairy Chimes'**: kräftig zitronengelbe Blüten auf 20 cm hohem Stiel
- Echte Jonquille (***N. jonquilla***) 🏆: bis zu fünf goldgelbe, duftende Blüten auf 30 cm hohem Stiel
- **'Mite'** 🏆: goldgelbe Blüten mit langer, schmaler Trompete und weit zurückgebogenen Blütenblättern
- **'Small Talk'**: winzige goldgelbe Blüten an 10 cm langem Stängel
- **'Sundial'**: ein bis zwei goldgelbe, kreisrunde Blüten auf bis zu 20 cm hohem Stiel
- Echte Tazette (***N. tazetta***): pro Stiel etliche süß duftende Blüten mit flacher weißer Hauptkrone und kleiner gelber Nebenkrone; Höhe beträchtlich variierend
- **'Tête-à-Tête'** 🏆: mehrere sehr frühe, goldgelbe Blüten mit etwas kräftiger gefärbter Nebenkrone auf 15 cm hohem Stiel
- Engelstränen-Narzisse (***N. triandrus***) 🏆: nickende cremefarbene Blüten mit rundlicher Trompete und zurückgeschlagenen Petalen

1

Spätfrühling

Wenn die Tage endlich länger werden und die Sonne wärmer scheint, verwandelt sich der Garten in ein üppiges, frischgrünes Paradies mit leuchtenden Farben, wohin man nur schaut. Bäume und Sträucher sind von Blüten übersät, und immer mehr Stauden öffnen ihre Knospen, um den Zwiebelpflanzen Konkurrenz zu machen.

Noch immer liegt das Hauptgewicht auf den Farben Gelb, Weiß und Blau, doch darunter mischt sich immer mehr Rosa, denn die Blüte der Zier-Äpfel (*Malus*), Magnolien (*Magnolia*) und Kirschen (*Prunus*) erreicht nun ihren Höhepunkt. Da zu dieser Zeit auch die meisten Tulpen (*Tulipa*) blühen (siehe Seiten 117–119), kommen zudem vermehrt Apricot, Orange, Rot und Violett ins Spiel; wer will, komponiert aus den Blüten warme Farbharmonien oder setzt mit ihnen auffällige Kontraste. Auf saurem Boden ermöglichen Azaleen und Rhododendren (*Rhododendron*) hochdramatische Kombinationen aus strahlendem Gelb, Apricot, Rosa und Rot sowie kühlerem Pink, Violett, Malvenrosa, Creme und Weiß (siehe Seiten 120–123).

Weiße Kirschen (*Prunus*)

- *Prunus* 'Shirotae' 🏆
- Süß-Kirsche (*Prunus avium*) 'Plena' 🏆
- Drüsen-Kirsche (*Prunus glandulosa*) 'Alba Plena'

Weiße Blütengehölze

Wer subtilen Farben eher zugeneigt ist als der Leuchtkraft der Rhododendren, hält sich an die zahlreichen Sträucher und kleinen Bäume, die im Spätfrühling weiße Blüten tragen. Unter ihnen findet sich für jede Gartensituation das Geeignete. Zu dieser Zeit entfalten verschiedene Schneebälle (*Viburnum*) ihre weiße Pracht, etwa *V.* × *carlcephalum* 🏆 und der breitwüchsige Japanische Schneeball (*V. plicatum*) 'Mariesii' 🏆, der seine Blüten auf waagerecht ausgestreckten Zweigen darbietet.

Auch unter den Felsenbirnen (*Amelanchier*) finden sich solche, deren teils rosig überhauchte Blütenfülle bis in den Spätfrühling anhält. Die Zier-Äpfel (*Malus*) warten ebenfalls mit Kandidaten auf: Der weiß blühende Toringo-Apfel (*M. toringo*) und der Strauch-Apfel (*M. sargentii*) sind hervorragende kleinere Gehölze, die in der zweiten Frühjahrshälfte überreich blühen. *M. transitoria* 🏆 ist ein eleganter größerer Baum mit rosa Knospen, die sich zu weißen Blüten öffnen.

Etliche Hartriegel (*Cornus*) prunken zu dieser Zeit mit ihrer weißen Pracht, bleiben jedoch überwiegend auf neutralen bis sauren Boden beschränkt. Der Blumen-Hartriegel (*C. florida*) und seine Hybride 'Norman Hadden' 🏆 sind herausragende Gehölze für den kleineren Garten. In geschützter Lage wartet die leicht frostempfindliche Mexikanische Orangenblume (*Choisya ternata*) mit himmlischem Blütenduft auf. Der in Nordamerika heimische Große Federbuschstrauch (*Fothergilla major*) 🏆 duftet zwar weniger stark, doch seine kleinen weißen Blütenquasten stehen außerhalb jeder Konkurrenz.

Der Belgische Spierstrauch (*Spiraea* × *vanhouttei*) 🏆 ist eines jener unersetzlichen Gehölze, die ohne großes Zutun verlässlich blühen und gedeihen. Mit den winzigen flachen Blüten, die zu attraktiven Blütentellern auf kurzen Trieben zusammengefasst sind, verschönert dieser Spierstrauch im Spätfrühling jeden Garten.

Lavendelheiden (*Pieris*) sind immergrüne Sträucher mit attraktivem Laub, farbigem Austrieb (bei manchen Sorten rosa, rot oder bronzefarben) und kleinen, zu rispenartigen Trauben zusammengefassten Blütenglöckchen. Die Japanische Lavendelheide (*P. japonica*) und ihre Sorten sind dicht mit weißen Blütentrauben behängt, so etwa 'Scarlett O'Hara'. So attraktiv die genannten Arten und Sorten auch sein mögen – eines der schönsten weißen Blütengehölze für das späte Frühjahr ist und bleibt die Perlen-Radspiere (*Exochorda* × *macrantha*) 'The Bride' 🏆 mit ihrer Überfülle an Blüten, die stark an Apfelblüten erinnern. Der breitwüchsige Strauch erreicht schließlich eine Größe von 2 × 3 m. Diese

1 | Die japanische Zier-Kirsche *Prunus* 'Taihaku' verwandelt sich im Frühjahr in eine beeindruckende weiße Blütenwolke.

2 | Japanischer Schneeball (*Viburnum plicatum*) 'Mariesii'

3 | *Cornus* 'Norman Hadden'

4 | Großer Federbuschstrauch (*Fothergilla major*)

5 | Perlen-Radspiere (*Exochorda* × *macrantha*) 'The Bride'

2

3

4

5

Pflanze benötigt unbedingt nährstoffreichen Boden – wer den nicht bieten kann, ist mit Kübelhaltung besser beraten.

Weiße Waldstauden

Im Spätfrühling öffnen immer mehr Waldstauden ihre Knospen, und viele blühen weiß. Die schöne Elfenblume (***Epimedium***), die sich willig im Schatten ausbreitet, ist ein guter Bodendecker unter Bäumen und Sträuchern. Ihre außergewöhnlichen kleinen Blüten gibt es in verschiedenen Farben. ***E.* × *youngianum* 'Niveum'** 🏆, ***E. pubigerum*** und die Großblütige Sockenblume (***E. grandiflorum***) **'White Queen'** 🏆 zeichnen sich durch weiße Blüten und attraktiven Austrieb aus. Mitunter bleiben die Blüten vollständig unter dem vorjährigen Laub verborgen; um dies zu verhindern, können Sie im zeitigen Frühjahr das alte Laub vollständig abschneiden, doch achten Sie darauf, dass Sie dabei den Neutrieb nicht beschädigen. Manche Arten, beispielsweise die Großblütige Sockenblume (***E. grandiflorum***) 🏆 und ihre Sorten, fallen außerdem durch bronzefarbenes junges Laub auf.

Der Italienische Aronstab (***Arum italicum***) **'Marmoratum'** 🏆 treibt ab dem Spätwinter sein herrliches weiß gezeichnetes Laub. Diese Blattschmuckstaude ist der perfekte Begleiter für jene Waldgeschöpfe, die zur Frühlingsmitte oder später blühen, etwa Hundszahn (***Erythronium***) und Dreizipfellilie (***Trillium***). Manche amerikanische ***Erythronium***-Arten blühen weiß oder cremefarben mit hübsch zurückgeschlagenen Blütenblättern auf schlankem, aufrechtem Stiel. Der Kalifornische Hundszahn (***E. californicum***) 🏆 leuchtet aus schattigen Winkeln hervor, während sich seine erlesene großblütige Sorte **'White Beauty'** 🏆 auf zuträglichem humosem Boden willig vermehrt. Ähnlich präsentiert sich der ausgesprochen exotisch wirkende Riesen-Hundszahn (***E. oregonum***). All diese Arten und Sorten sind wertvolle Stauden für den Wald- oder Steingarten.

Auch in der Gattung *Trillium* finden sich wunderschöne weiß blühende Vertreter, so die Große Dreizipfellilie (***T. grandiflorum***) 🏆 und ihre Sorte **'Flore Pleno'** 🏆, die fast noch mehr fasziniert als die Art, sowie das hübsche ***T. ovatum***, dessen schmalere weiße Blütenblätter sich im Abblühen rosa verfärben. Die Grünblütige Dreizipfellilie (***T. chloropetalum***) wiederum tritt mit ganz unterschiedlichen Blütenfarben auf, von Weiß über Rosa bis hin zu Violett. Die Nickende Dreizipfellilie (***T. cernuum***) hält ihre weiße Blüte mit rotbraunem Grund bisweilen vollkommen unter dem üppigen mittelgrünen Laub verborgen.

Wie die genannten *Trillium*-Arten stammt auch das Duftsiegel (***Smilacina racemosa***) 🏆 aus Nordamerika. Diese bezaubernde Waldstaude trägt in der zweiten Frühlingshälfte elegante weiße »Blütenkerzen« an den Triebspitzen. Ähnlich in Habitus und Belaubung ist das Salomonssiegel (***Polygonatum***), bei dem jedoch später im Frühjahr Blütenglöckchen an der Unterseite der übergeneigten Triebe baumeln. Das Garten-Salomonssiegel (***P.* × *hybridum***) 🏆 schmückt seine bis zu 1 m hohen Triebe mit sahneweißen, grün bespitzten Blüten (siehe Gute Pflanzpartner Seite 110), und seine Kultursorte **'Striatum'** kombiniert cremeweiß gestreiftes Laub zu ebenfalls weißen, grün gezeichneten Blüten.

Eine der schönsten weißen Zwiebelpflanzen ist die

6 | Italienischer Aronstab (*Arum italicum*) 'Marmoratum'

7 | Große Dreizipfellilie (*Trillium grandiflorum*)

8 | Duftsiegel (*Smilacina racemosa*)

9 | Garten-Salomonssiegel (*Polygonatum* × *hybridum*)

Gute Pflanzpartner

Als attraktive weiße Blütenkomposition für eine Gehölzsituation bieten sich folgende Stauden an: Sommer-Knotenblume (*Leucojum aestivum*, A) mit zierlichen Blütenglocken, Eisenhutblättriger Hahnenfuß (*Ranunculus aconitifolius*, B) mit flach geöffneten weiß-gelben Blüten, dazu zur Auflockerung Busch-Windröschen (*Anemone nemorosa*, C) mit zarten Blütensternen und süß duftender Waldmeister (*Galium odoratum*, D).

Weitere empfehlenswerte Waldstauden Gewöhnliches Maiglöckchen (*Convallaria majalis*) • Atlantisches Hasenglöckchen (*Hyacinthoides non-scripta*) • *Tiarella wherryi* • Gelbe Dreizipfellilie (*Trillium luteum*) • März-Veilchen (*Viola odorata*)

Gute Pflanzpartner

Eine attraktive Kombination für den Halbschatten ergeben Garten-Salomonssiegel (*Polygonatum × hybridum*) 🏆 (A) und weiße Tulpen (*Tulipa*) wie 'Schoonoord' oder 'Purissima' 🏆 (B, siehe auch Seiten 118/119), unterstützt durch den niedrigen panaschierten Kletternden Spindelstrauch (*Euonymus fortunei*) 'Silver Queen' (C) und die eine oder andere blaugrüne Funkie (*Hosta*), etwa 'Frances Williams' (D).

Sommer-Knotenblume (**Leucojum aestivum**); in der zweiten Frühjahrshälfte trägt sie an Schneeglöckchen erinnernde Blüten an bis zu 60 cm hohen Stängeln. Am willigsten blüht diese Knotenblume, die eine hervorragende Ergänzung für den weißen Garten (siehe Gute Pflanzpartner Seite 109) ist, an einem vollsonnigen Standort.

Gelb im Garten

Ohne Weidenkätzchen und Lämmerschwänzchen wäre der Frühling nicht dasselbe; im Spätfrühling sehen wir sie in großer Zahl. Die männlichen Lämmerschwänzchen der Birken sind meist gelb oder gelbbraun; bei den Weiden hingegen treffen wir nicht nur auf pollengelbe Kätzchen, sondern auch auf graue, silbrige und grüne. Männliche Weidenkätzchen sind grundsätzlich auffälliger als weibliche. Besonders beeindruckend wirken die 5 cm langen, goldenen Blütenstände der männlichen Woll-Weide (**Salix lanata**) 🏆. Die männlichen Blütenstände der Kriech-Weide (**S. repens**) sind 2 cm lang und silbergrau mit auffälligen gelben Staubblättern.

Diverse Sträucher schmücken sich im Frühling mit gelben Blüten, allen voran der Ranunkelstrauch (**Kerria**), die immergrüne Gewöhnliche Mahonie (**Mahonia aquifolium**) sowie diverse Ginster

10 | Gewöhnliche Mahonie (*Mahonia aquifolium*)

11 | Elfenbein-Ginster (*Cytisus × praecox*) 'Warminster'

12 | Hänge-Goldglocke (*Uvularia grandiflora*)

13 | *Doronicum × excelsum* 'Harpur Crewe'

14 | Chinesische Trollblume (*Trollius chinensis*)

15 | Bunte Wolfsmilch (*Euphorbia epithymoides*)

10

11

12

13

14

15

(*Cytisus*). Ein dicht an dicht mit Schmetterlingsblüten besetzter Ginster ist eine Pracht; diese Büsche verlangen lediglich nach durchlässigem, mäßig fruchtbarem Boden in voller Sonne. Der Elfenbein-Ginster (*C.* × *praecox*) blüht zartgelb, seine Sorte **'Allgold'** 🏆 hingegen kräftig goldgelb. Andere gelbe Ginster sind der Besenginster (*C. scoparius*) **'Cornish Cream'**, der Niederliegende Geißklee (*C. decumbens*), *C.* **'Golden Sunlight'**, *C.* × *beanii* 🏆, *C.* **'Firefly'** und *C.* × *praecox* **'Warminster'**.
Der Spätfrühling wartet mit zahlreichen wertvollen Stauden auf, die sich sowohl für ein gelbes Beet als auch für gelb-blaue Kontraste eignen. Die Hänge-Goldglocke (*Uvularia grandiflora*) 🏆 mit ihren gelben, grünlich überlaufenen Blütenröckchen steht am liebsten halbschattig bis vollschattig. Die aus dem östlichen Mittelmeergebiet stammende Junkerlilie (*Asphodeline lutea*) hingegen gedeiht nur in voller Sonne. Ihre in die Höhe gereckten gelben Blütenkerzen setzen schöne Akzente zwischen Stauden mit runden Blütenköpfen, wie sie beispielsweise die Gämswurz (*Doronicum*) hervorbringt. *D.* × *excelsum* **'Harpur Crewe'** trägt goldgelbe Blüten auf 60 cm hohem Stiel über hübsch herzförmigem Laub. Zurückhaltender sind die gelben Anemonen (*Anemone*) des späten Frühjahrs, die sich jedoch als ideale Bodendecker in Sonne und Halbschatten bewähren. Die kleine, feine *A.* × *lipsiensis* trägt hellgelbe Blüten auf 15 cm hohen Stielen, und das Gewöhnliche Gelbe Windröschen (*A. ranunculoides*) zeichnet sich durch hahnenfußartige Blüten in kräftigem Gelb auf bis zu 20 cm hohen Stängeln aus.
Dem üppigen jungen Grün der Stauden und Sträucher haben wir zu verdanken, dass uns die gelbe Gartenpracht nicht überwältigt. Im Spätfrühling liefern Funkien (*Hosta*) und Storchschnabel (*Geranium*) frisches Blattwerk im Überfluss, und diverse Wolfsmilcharten (*Euphorbia*) warten mit ihren zusammengesetzten kuriosen Blütenständen in Gelb, Grün oder Mandelgrün auf. Mandelgrün blühen Robb-Wolfsmilch (*E. amygdaloides* ssp. *robbiae*) 🏆 und Zypressen-Wolfsmilch (*E. cyparissias*); die Bunte Wolfsmilch (*E. epithymoides*) 🏆 (siehe auch Seite 71) und die Walzen-Wolfsmilch (*E. myrsinites*) 🏆 schmücken sich mit leuchtend gelben Hochblättern, und die Steppen-Wolfsmilch (*E. seguieriana*) bringt gelbgrüne Blütenstände hervor.
Am Teichgarten beginnt mit dem Spätfrühling die

16

Hochsaison der Wasserrandpflanzen. Unübertroffen ist die Sumpf-Dotterblume (*Caltha palustris*) 🏆 mit ihren Schalenblüten. Sie blüht in lackglänzendem Goldgelb; noch bezaubernder sind die gefüllten Blüten der Auslese **'Flore pleno'** 🏆. Doppelt so groß präsentiert sich die verwandte Art *C. polypetala*. Ebenso schön sind die Trollblumen (*Trollius*) mit ihren ranunkelartigen Blüten; sie bevorzugen leicht feuchte Standorte. **'Alabaster'** trägt durchsichtig hellgelbe Blüten auf 60 cm hohen Stängeln, und **'Earliest of All'** reckt sattgelbe Blüten 50 cm in die Höhe. Die Chinesische Trollblume (*T. chinensis*) blüht in hellem Orangegelb.

Blaue Stauden

Dass reines Blau im Garten eine Seltenheit ist und entsprechend hoch geschätzt wird, wurde bereits im speziellen Kapitel zu dieser Farbe auf den Seiten 24-27 erwähnt. Im Spätfrühling trumpft eine Reihe der schönsten blauen Stauden auf. Unübersehbar sind die neonblauen Trompetenblüten des Frühlings-Enzians (*Gentiana verna*) sowie das Tiefblau des Keulen-Enzians (*G. acaulis*) 🏆. Weniger glamourös, doch darum nicht weniger beliebt ist das Vergissmeinnicht (*Myosotis*), das überall im Garten aus Samen erscheint, wenn es sich erst einmal angesiedelt hat. Das aus Nordamerika stammende Virginische Blauglöckchen (*Mertensia virginica*) 🏆 ist in Europa noch nicht sehr weit als Gartenpflanze verbreitet. Über seinem mittelgrünen Laub trägt es im Spätfrühling blauviolette, manchmal auch weiße Blütenglöckchen. Recht ähnlich ist das Kauka-

Kletterpflanzen für den Spätfrühling Kolomikta-Strahlengriffel (*Actinidia kolomikta*) • Fingerblättrige Akebie (*Akebia quinata*) • *Hydrangea anomala* ssp. *petiolaris* • Japanisches Geißblatt (*Lonicera japonica*) 'Halliana' • Chinesischer Blauregen (*Wisteria sinensis*) 'Alba'

susvergissmeinnicht (**Brunnera**), bei dem sich über herzförmigem Laub vergissmeinnichtartige Blüten an locker verzweigten Stielen erheben. Die Sorte **'Dawson's White'** des Großblättrigen Kaukasusvergissmeinnichts (***B. macrophylla***) blüht leuchtend blau über weiß gesäumtem Laub, während bei **'Jack Frost'** hellblaue Blüten über attraktivem silbrigem Laub mit grüner Aderung stehen.

Wie die Gattungen *Myosotis*, *Mertensia* und *Brunnera* gehört auch das Gedenkemein (**Omphalodes**)

Gute Pflanzpartner

In einem grünen Garten sind Wolfsmilchgewächse wie *Euphorbia schillingii* 🏆 (A) die perfekte Ergänzung zu Blaublatt-Funkien (*Hosta sieboldiana*) 'Elegans' (B) und Farnen. Doch auch zu Narzissen wie *Narcissus* 'Surfside' 🏆 (C) mit ihren weiß-gelben Blüten sind sie gute Begleiter.

Das silbrige Laub und die rosigen Blüten der Gefleckten Taubnessel (*Lamium maculatum*) 'Beacon Silver' (D) passen hervorragend zum rötlichen Laub der Bergenie (*Bergenia*) 'Rosi Klose' (E) (siehe auch Seite 115) und den himbeerrosa Blüten des Großgefleckten Lungenkrauts (*Pulmonaria saccharata*) 'Leopard' (F).

16 | Großblättriges Kaukasusvergissmeinnicht (*Brunnera macrophylla*)

17 | Kaukasus-Gedenkemein (*Omphalodes cappadocica*) 'Starry Eyes'

18 | Kaukasus-Beinwell (*Symphytum caucasicum*)

Frühe Waldreben (*Clematis*)

Die Alpen-Waldrebe (*C. alpina*) 🏆 und die Großblumige Waldrebe (*C. macropetala*) begeistern mit anmutig nickenden Blüten, die sich in der zweiten Frühlingshälfte öffnen, um uns etwa sechs Wochen lang zu begleiten. Die einander sehr ähnlichen Arten lassen sich anhand der Staubblätter unterscheiden, denn bei *C. macropetala* sind diese kronblattartig umgewandelt, sodass schon die Blüte der Wildform gefüllt erscheint. Manche Kulturformen blühen in bezauberndem Blau, so 'Frances Rivis' 🏆 mit abgespreizten mittelblauen Kelchblättern und 'Columbine' in zartem Himmelblau. Die hellindigoblaue 'Frankie' 🏆 beeindruckt mit besonders stark vergrößerten, den Kelchblättern ebenbürtigen Staubblättern.

Auch die Berg-Waldrebe (*C. montana*) begeistert vom späten Frühjahr bis in den Sommer hinein mit einer Fülle kleiner, weißer Blüten. Es gibt sie in vielen Kultursorten, von denen einige rosa blühen, beispielsweise 'Tetrarose' (siehe Seite 89). Die Berg-Waldreben sind sehr wüchsig - geben Sie ihnen daher einen Standort, an dem sie ungehindert ranken können.

Die Großblumige Waldrebe **(*C. macropetala*)** (A) öffnet vom Frühjahr bis in den Frühsommer blaue bis blauviolette Blütenglocken; später entwickeln sich daraus silbrige Samenbüschel.

Die Großblumige Waldrebe **(*C. macropetala*) 'Blue Bird'** (B) trägt leicht nickende fliederblaue Blüten mit cremefarbenen Staubblättern.

A

B

Weitere empfehlenswerte frühe Sorten

- Alpen-Waldrebe (*C. alpina*) 'Pamela Jackman'
- 'Constance' 🏆
- 'Jacqueline du Pré' 🏆
- 'Jan Lindmark'
- 'Markham's Pink' 🏆
- 'White Swan'
- 'Willy'

Pflege und Schnitt der frühen Waldreben

C. alpina 🏆, *C. macropetala* und auch ihre Sorten sind leicht zu ziehen. Sie bevorzugen gut durchlässigen, nährstoffreichen Boden, der im Sommer nicht austrocknet. Im Frühjahr schätzen sie einen Mulch aus kompostiertem Stallmist; den Sommer über sollte dieser durch regelmäßige Flüssigdüngergaben ergänzt werden. Ein vollsonniger Standort fördert reichen Knospenansatz. Beide Arten bleiben kleiner als die Berg-Waldrebe (*C. montana*) und sind daher für kleine Gärten und für die Kübelhaltung geeignet.

Im Kübel gezogene Sorten von *C. alpina* und *C. macropetala* sollten regelmäßig gedüngt und jedes Jahr nach der Blüte drastisch zurückgeschnitten werden. Ausgepflanzte Exemplare werden nach der ersten Blühsaison zurückgeschnitten, um die Bildung neuer Triebe aus der Basis zu fördern; außerdem lässt sich die Pflanze dann einfacher leiten. Nach diesem ersten Eingriff ist kein regelmäßiger Schnitt mehr nötig; dennoch empfiehlt es sich, die Pflanze alle paar Jahre nach der Blüte bis zum Boden zurückzuschneiden, damit sie sich nicht in ein einziges Gewirr jüngerer und älterer Triebe verwandelt.

in die Familie der Borretschgewächse. Das Gedenkemein (*O. verna*) blüht leuchtend blau mit weißem Auge an 20 cm hohen Stielen, während das Kaukasus-Gedenkemein (*O. cappadocica*) 🏆 und seine Sorten azurblaue Blüten 25 cm in die Höhe recken. Die Blüten von **'Starry Eyes'** sind größer als diejenigen der Art und ringsum weiß gesäumt; **'Parisian Skies'** blüht tiefblau. Ein guter Bodendecker für ein Schattenbeet oder einen Waldgarten ist der leuchtend blaue Kaukasus-Beinwell (*Symphytum caucasicum*) 🏆, ebenfalls ein Mitglied dieser Familie.

Rosige Blütenpracht

Groß ist in der zweiten Frühjahrshälfte die Auswahl an rosa Blüten: Zier-Kirschen (*Prunus*) und Zier-Äpfel (*Malus*) sowie etliche Sträucher, Stauden und Zwiebelpflanzen warten mit dieser Farbe auf. Besonders edle Kandidaten stellt die Gattung Seidelbast (*Daphne*) mit teils herrlich duftenden Blüten in kräftigem Pink – empfehlenswerte Arten und Sorten sind *D. tangutica* 🏆, *D. tangutica* **Retusa Grp.** 🏆, Burkwoods Seidelbast (*D. × burkwoodii*) **'Somerset'**, *D.* **'Valerie Hillier'**, *D. arbuscula* 🏆 sowie der Felsen-Seidelbast (*D. petraea*) **'Grandiflora'**.

Die weniger bekannte, rosig weiß blühende Pimpernuss (*Staphylea*) stellt ebenfalls eine schöne Ergänzung für den Garten dar. Der volkstümliche Name dieser Gattung leitet sich vom mittelhochdeutschen Wort für »klappern« her – er beschreibt das Geräusch der trockenen Samen in der reifen Kapselfrucht. Die Chinesische Pimpernuss (*S. holocarpa*) **'Rosea'** treibt bronzefarbenes junges Laub und trägt zartrosa Blütenglocken, die Gewöhnliche Pimpernuss (*S. pinnata*) blüht weiß mit rosigem Hauch.

Bergenien (*Bergenia*) gehören zur Familie der Steinbrechgewächse. Sie zeichnen sich durch attraktives großformatiges, immergrünes Laub und kleine trichter- oder glockenförmige Blüten aus, die sie in der zweiten Frühlingshälfte an kräftigen verzweigten Stielen emporrecken. Wo rosa- oder magentafarbene bis hochrote Blüten gefordert sind, sollten diese prägnanten Stauden unbedingt berücksichtigt werden. **'Rosi Klose'** schmückt sich in der zweiten Frühlingshälfte mit großen Blüten in leuchtendem Pink; sie ist zugleich ein wertvoller Winterschmuck, denn in der kalten Jahreszeit

19 | *Daphne tangutica* Retusa Grp.

20 | Bergenie (*Bergenia*) 'Rosi Klose'

21 | Gefleckte Taubnessel (*Lamium maculatum*) 'Beacon Silver'

Fritillarien (*Fritillaria*)

Die Zwiebelpflanzen der Gattung *Fritillaria* schmücken sich im Frühjahr und Frühsommer mit glocken-, röhren- oder becherförmigen, herabhängenden Blüten. Manche eignen sich fürs Hochbeet oder für die Rabatte; andere wirken im Waldgarten am schönsten. Größe und Farbe fallen je nach Art ganz unterschiedlich aus, und etliche tragen karierte Blüten. Zur Gattung zählen die Gewöhnliche Schachblume (*F. meleagris*), ein Wiesenbewohner mit rosavioletten oder weißen Blüten an 30 cm hohem Stiel, die zierliche, 20 cm hohe *F. michailovskyi* 🏆 (A) mit gelb gesäumter braunvioletter Blüte, die 40 cm erreichende sahnegelbe Bleiche Kaiserkrone (*F. pallidiflora*) 🏆 (B) sowie die imposante Kaiserkrone (*F. imperialis*, siehe Seite 73). Letztere beeindruckt mit ihrem von einem Büschel sattgrüner Hochblätter gekrönten gelben, orangen oder roten Blütenkranz am bis zu 90 cm hohen Stängel.

Ebenfalls empfehlenswerte Fritillarien

- *F. acmopetala* 🏆
- Persische Kaiserkrone (*F. persica*)
- Persische Kaiserkrone (*F. persica*) 'Adiyaman' 🏆
- *F. pontica*
- *F. raddeana*

beeindruckt diese Sorte mit glänzendem, bronzerotem Laub (siehe Gute Pflanzpartner Seite 113). Die Altai-Bergenie **(*B. cordifolia*)** blüht gegen Frühjahrsende in dunklem Pink oder hellem Rosarot; ihr Laub ist im Winter violett überlaufen. ***B.* 'Morgenröte'** 🏆 trägt rosarote Blüten auf steifen roten Stängeln. Bergenien sind eine gute Gesellschaft für mittelhohe weiße, cremefarbene oder rosa Tulpen (*Tulipa*, siehe Seiten 117–119).

Die Taubnesseln **(*Lamium*)** stehen nicht oft an oberster Stelle der Staudenwunschlisten, doch längst nicht jede wuchert, und manche schmücken sich mit bezaubernd gescheckter Laub. Eine erlesene Sorte ist die Gefleckte Taubnessel **(*L. maculatum*) 'Beacon Silver'**, die zurückhaltend wächst und attraktives silbriges Laub mit schmalem grünem Rand trägt, zu dem sich vom späten Frühjahr bis in den Sommer hinein hellrosa Lippenblüten gesellen (siehe auch Gute Pflanzpartner Seite 113).

Pflanzenporträt

Tulpen (*Tulipa*)

Zu den eindrucksvollsten Frühlingsblumen zählen die Tulpen. Ihre Blüten mit den sechs auffälligen Hüllblättern kommen in unterschiedlicher Form und Größe daher, von sternförmig bis becher- oder kelchförmig. Bei manchen ist die Blüte einfach und öffnet sich ganz flach, bei anderen wiederum ist sie dicht gefüllt und erinnert an alte Bauern-Pfingstrosen (*Paeonia officinalis*). Manche Tulpensorten beeindrucken mit gefransten Blütenhüllblättern, anderen mit raffiniert verdrehten oder spitz ausgezogenen. Das Hauptmerkmal aller Tulpen aber sind die klaren, opulenten Blütenfarben. Es gibt diese Blumen in samtigem Rot, in delikatem Orange, in flirrendem Pink, in zartem Mauve, in kühlem Weiß oder auch mehrfarbig gestreift oder geflammt.

Um den Überblick zu erleichtern, unterteilt der Gärtner die Tulpen in 15 Sortengruppen, die vor allem die Blütenform beschreiben, zum Teil auch die Blütezeit. Die ungefüllten becherförmigen Blüten der Rembrandt-Tulpen etwa sind schwarz, braun, bronzefarben, purpurn, rot oder rosa gestreift oder geflammt auf weißem, gelbem oder rotem Untergrund. Dies waren die Tulpen, die auf der Höhe der holländischen Tulpenmanie in den 1630er-Jahren für enorme Summen gehandelt wurden (heute wissen wir, dass die begehrte Zeichnung durch einen Virus verursacht wurde). Gestreifte Blüten finden sich in den Gruppen der Viridiflora-Tulpen und der Papageien-Tulpen; gefranste Hüllblätter kennzeichnen die Gefransten Tulpen. Viele Tulpen weisen starke Farbkontraste auf. Die Blätter der meisten Sorten sind mittelgrün bis graugrün; sie variieren jedoch in Länge und Breite, und manche haben einen gewellten Rand.

Bei der Auswahl von Tulpen für den Garten kommt es vorrangig auf die Blütezeit an und darauf, ob sie für Kübel, Beete und Rabatten geeignet sind oder aber – wie die kleinen Wildtulpen – im Steingarten stehen sollten; manche lassen sich auch in nicht zu dichtem Gras verwildern. Staunässe mag keine Tulpe; die meisten wünschen sich einen nährstoffreichen, durchlässigen Boden und einen windgeschützten, vollsonnigen Standort. Die Wildtulpen *T. sprengeri* 🏆 und *T. tarda* 🏆 (siehe Gute Pflanzpartner Seite 99) bevorzugen humosen, torfigen Boden. (Eine Auswahl früher Tulpen findet sich auf Seite 101.)

A | 'Orange Emperor'

B | 'Pink Impression'

C | 'Blue Diamond'

D | 'Attila'

E | 'Angélique'

F | 'Purissima'

G | 'West Point'

H | 'Blueberry Ripple'

I | 'Queen of Night'

Apricotfarbene Blüten

'Apricot Beauty' 🏆 öffnet in der ersten Frühlingshälfte lachsrosa Blütenbecher. Der Rand der Hüllblätter wird nach und nach orange. Gut für Farbflächen oder gemischte Rabatten.

'Cape Cod' trägt in der ersten Frühlingshälfte einfache, apricotgelbe Schalenblüten mit rotem Mittelstreifen. Das Laub ist graublau mit kastanienbraunen Sprenkeln. Gut für den vorderen Beetbereich oder den Steingarten.

Rosa Blüten

'Angélique' 🏆 (E) trägt im späten Frühjahr Pfingstrosenblüten in heller und dunkler changierendem Hellrosa. Da Regen manchmal den Blüten schadet, empfiehlt sich ein geschützter Standort. Gut als Farbfläche und in der Rabatte.

'Attila' (D) öffnet in der zweiten Frühlingshälfte becherförmige, purpurviolette Blüten. Gut für Farbflächen und als Schnittblume (siehe auch Gute Pflanzpartner Seite 180).

'China Pink' 🏆 präsentiert im Spätfrühling rosa Blütenkelche; die lang ausgezogenen, aufgebogenen Hüllblätter wirken sehr elegant. Guter Wechselflor für das formale Frühjahrsbeet.

Weiße Blüten

'Purissima' 🏆 (F) öffnet ihre ungefüllten, reinweißen Schalenblüten zur Frühlingsmitte. Gut in der Rabatte (siehe auch Gute Pflanzpartner Seite 110).

'Schoonoord' schmückt sich in der Frühjahrsmitte mit dicht gefüllten, reinweißen Schalenblüten. Gut für Farbflächen und Kübel.

Violette Blüten

'Blueberry Ripple' (H) öffnet ihre einfachen, becherförmigen Blüten zur Frühjahrsmitte. Die Hüllblätter sind violett oder lavendelfarben mit Kontrastzeichnung in reinem oder gebrochenem Weiß. Gut als Farbfläche und in der Vase.

'Blue Diamond' (C) trägt in der zweiten Frühjahrshälfte dunkle, blauviolette, dicht gefüllte Schalenblüten. Gut als Wechselflor und in der Rabatte.

'Blue Parrot' präsentiert im Spätfrühling ihre einfachen, leuchtend blauvioletten Blütenbecher mit den charakteristisch gefransten Hüllblättern der Papageien-Tulpe. Die Innenseite ist bronzefarben überlaufen. Eine ausgezeichnete Schnittblume, die auch in der Rabatte eine gute Figur macht.

Rote Blüten

'Apeldoorn' öffnet zur Frühjahrsmitte einfache, eiförmige, scharlachrote Blüten. Die Innenseite ist orangerot mit orange gesäumtem schwarzem Grund und auffälligen schwarzen Staubgefäßen. Gut als Farbfläche und in der Vase.

***T. praestans* 'Fusilier'** 🏆 präsentiert in der ersten Frühlingshälfte an jedem Stiel mehrere einfache, leuchtend rote Schalenblüten. Eine schöne Steingartensorte, die im Sommer trocken stehen will.

Gelbe Blüten

Die Wilde Tulpe (***T. sylvestris***) treibt in der zweiten Frühlingshälfte einfache, sternförmige, gelbe Blüten mit grünlich schimmernder Außenseite. Diese Tulpe duftet süß. Für den Steingarten zu empfehlen.

'West Point' 🏆 (G) öffnet im späten Frühjahr reingelbe Blütenkelche. Eine gute Sorte für formalen Wechselflor.

Grüne Blüten

'Groenland' öffnet im späten Frühjahr einfache Schalenblüten; die Hüllblätter sind grün mit rosigem Rand. Gut in der Vase und in der gemischten Rabatte.

'Spring Green' 🏆 schmückt sich im Spätfrühling mit einfachen, weißen, außen grün gezeichneten Schalenblüten. Gut für die gemischte Rabatte; eine ausgezeichnete Schnittblume.

Schwarzviolette Blüten

'Arabian Mystery' öffnet zur Frühjahrsmitte einfache, tiefviolette, weiß gesäumte Blütenbecher. Ideal als Farbfläche; außerdem schöner Vasenschmuck.

'Queen of Night' (I) trägt im Spätfrühling einfache Blütenbecher in samtig dunklem Purpur bis Kastanienviolett. Diese bislang »schwärzeste« Tulpe bewährt sich als Schnittblume und im Beet (siehe auch Seite 21).

Pflanzenporträt

Rhododendren und Azaleen (*Rhododendron*)

Eine der umfangreichsten Gattungen des Pflanzenreichs ist der Genus *Rhododendron* mit 500 bis 900 Arten, bei denen von niederliegenden, handbreithohen Sträuchern bis hin zu 25 m hohen Bäumen alles vertreten ist. Unter dem Trivialnamen »Azalee« firmieren die laubabwerfenden Arten und Sorten sowie etliche kleinblättrige halbimmergrüne bis immergrüne Arten.

Allen Arten gemeinsam ist die spektakuläre Blüte, die je nach Art und Sorte zwischen Vorfrühling und Spätsommer erfolgt und bei manchen süß duftet. Die Blüten stehen entweder einzeln oder in Doldentrauben beisammen, bei den Rhododendren als »Stutz« bezeichnet. Die Einzelblüten variieren stark in Größe und Form – von röhren- oder trompetenförmig über trichter- oder tellerförmig bis hin zu glockenförmig; auch Zwischenformen sind möglich. Bei doppelkronigen Sorten sind die Kelchblätter blütenblattartig umgebildet, sodass jede Blüte aussieht, als würden zwei Blütenglocken ineinanderstecken. Die meisten Arten der Gattung tragen mittel- bis dunkelgrünes, lanzettliches Laub, das zwischen 4 mm und 75 cm Länge variiert.

Rhododendren und Azaleen verlangen nach nährstoffreichem, humosem, sehr durchlässigem saurem Boden. Die meisten bevorzugen eine kühle Waldsituation, nur einige Zwergarten gedeihen besser an einem offeneren Standort. Viele lassen sich gut im Kübel ziehen. Gelegentliche Düngergaben und jährliches Mulchen sind bei etablierten Exemplaren vollkommen ausreichend.

'Peste's Fire Light' (A) ist eine kompakte immergrüne Rhododendronhybride, die 1,5 m hoch und breit wird. Die locker zusammengefassten, doppelkronigen Blüten öffnen sich zur Frühjahrsmitte in fruchtigem Pfirsichton mit korallenroten und mahagonifarbenen Punkten.

'Irene Koster' 🏆 (B) ist eine sommergrüne Azalee mit duftenden Blüten in zartem Lachsrosa mit gelber und oranger Zeichnung.

Vertreter der **Loderi Grp.** (C) bringen sehr große duftende Blüten von variabler Färbung hervor.

Weiße Blüten

'Cunningham's White' ist eine alte immergrüne Rhododendronhybride; sie blüht weiß mit gelben und braunen Sprenkeln. Es gibt zwar prächtigere Sorten, doch diese ist verlässlich und toleriert leicht kalkhaltigen Boden.

'Polar Bear' 🏆 ist eine ausgezeichnete immergrüne Rhododendronhybride, die zu einem großen Strauch oder kleinen Baum von wenigstens 4 m Höhe heranwächst. Sie trägt im Spätfrühling große weiße, nach Lilien duftende Blüten mit zartgrüner Zeichnung.

'Silver Slipper' 🏆 ist eine sommergrüne Azalee von bis zu 2 m Höhe und Breite. Das Laub treibt kupferfarben aus, die Blüte zeigt sich zur Frühjahrsmitte in rosa überlaufenem Weiß mit orangefarbenem Auge auf dem oberen Blütenblatt.

B

C

D

Rosa Blüten

R. calophytum 🏆 ist eine großlaubige immergrüne Art, die über 5 m hoch werden kann. Sie trägt lockere Blütenstände aus großen, glockenförmigen, zartrosa Blüten mit kräftiger gezeichnetem Schlund.

'Homebush' 🏆 ist eine sommergrüne Knap-Hill-Azalee, die 1,5 m hoch und breit wird. Im Spätfrühling öffnen sich an den Enden der aufrechten Triebe gefüllte Blüten in reinem Karminrosa, die zu einem fast kugelrunden Blütenstand zusammengefasst sind.

'Mrs Furnivall' 🏆 ist ein edler immergrüner Rhododendron von wenigstens 3 m Höhe und Breite. Seine großen Blütenstände präsentieren sich hier durchscheinendem Pink mit zarter karmesin- und sienaroter Zeichnung.

Blauviolette Blüten

Vertreter der **Blue Diamond Grp.** sind kompakte Sträucher, die langsam 1 m Höhe erreichen. Im zeitigen Frühjahr erscheinen über dem kleinformatigen, adretten Laub offene lavendelblaue Blütenbüschel.

'Blue Danube' 🏆 ist eine halbimmergrüne Azalee; der breitrunde Strauch wird bis 0,9 m hoch und 1,2 m breit. Er öffnet zur Frühjahrsmitte große blauviolette Blüten, die deutlich mit dem dunkelgrünen Laub kontrastieren.

'Colonel Coen' 🏆 (D) ist ein kompakter immergrüner Strauch, der zur Frühjahrsmitte kräftig violett blüht.

Rote Blüten

'Cynthia' 🏆 ist eine große, vollkommen winterharte immergrüne Hybride, die bis 5 m hoch wird. Sie blüht in der zweiten Frühlingshälfte, wobei der große kegelförmige Stutz aus leuchtend karmesinroten Blüten mit dunklerer Zeichnung besteht. Diese Sorte gilt als ausgesprochen pflegeleicht.

'Scarlet Wonder' 🏆 ist ein niedriger, kompakter, immergrüner Strauch von 1 m Höhe und Breite. Die gerüschten Blütenglocken leuchten reinrot und zeigen sich bereits an jungen Pflanzen in großer Zahl.

'Fireball' 🏆 ist eine prächtige sommergrüne Azalee von maximal 2 m Höhe, die sich im zeitigen Frühjahr mit kupfrigem Laubaustrieb und orangerot glühenden, dicht gedrängten, duftenden Blüten schmückt. Sie überzeugt darüber hinaus mit einer leuchtstarken Herbstfärbung.

'The Hon. Jean Marie de Montague' 🏆 (E) schmückt sich in der zweiten Frühlingshälfte mit Unmengen leuchtend roter Blüten.

Gelbe Blüten

Die Pontische Azalee (***R. luteum***) 🏆 ist für viele die schönste sommergrüne Azalee. Der elegante, lockerwüchsige Strauch wird bis zu 2 m hoch. In der zweiten Frühlingshälfte öffnen sich an den Enden der Triebe zierliche Büschel hellgelber Blüten, die nach Geißblatt duften. Im Herbst punktet diese Art mit einer vorzüglichen Laubfärbung.

'Hotei' 🏆 ist ein kompakter immergrüner Strauch, der über 1 m hoch werden kann. Zur Frühjahrsmitte trägt er zartgelbe Blütenglocken in lockeren Büscheln.

'Horizon Monarch' 🏆 (F) ist eine ausgezeichnete, bis etwa -16 °C winterharte, immergrüne Sorte mit lachsfarben gezeichneten Knospen, die sich in der ersten Frühlingshälfte zu großen, zartgelben Blüten öffnen.

E

F

1

Frühsommer

Dem Frühsommer wohnt ein besonderer Zauber inne. Spitzentücher aus Gewöhnlichem Wiesen-Kerbel (*Anthriscus sylvestris*) überziehen den Feldrain, zartes junges Laub bedeckt die Bäume, ringsum grünt und sprießt es. Der Saft ist gestiegen und lässt uns plötzlich Resultate sehen. In den Gärten erscheinen täglich neue Blumen aller Art, und die Farbpalette hat sich verschoben, sodass auf einmal Rosa, Purpur, Violett und Blau miteinander im Wettstreit liegen, während weiße Blüten eine besondere Leichtigkeit ins Spiel bringen.

Diese junge Jahreszeit verlangt geradezu nach Farbharmonien. Am einfachsten lassen sich diese im Staudengarten schaffen, besonders wenn wir uns auf eine Mischung aus Rosa, Mauve, Violett und Blau konzentrieren. Wem dies zu vorhersagbar erscheint, der möchte vielleicht stattdessen mit einer monochromen Rabatte experimentieren, mit wie zufällig gesetzten Akzenten oder auch mit absoluten Kontrasten, etwa dem von Violett und Gelb. Wie Sie es auch angehen, eines ist sicher: Für sämtliche Experimente steht eine gewaltige Auswahl an Pflanzen zur Verfügung.

Blaue Blüten

Im Frühling findet sich die Farbe Blau vorwiegend bei den Zwiebelblumen; im Frühsommer hingegen blühen vor allem Stauden in dieser Farbe. Ein Beispiel ist die Italienische Ochsenzunge (***Anchusa azurea***) **'Loddon Royalist'** 🏆, eine Auslese mit sattenzianblauen Röhrenblüten, die in kleinen Gruppen auf 90 cm hohen Stängeln stehen. Diese Sorte zeichnet sich dadurch aus, dass man sie nicht unbedingt aufbinden muss (siehe Gute Pflanzpartner Seite 128).

In der Gattung *Veronica* finden sich etliche Arten mit blauen Blüten. In der Höhe variieren sie von kriechenden, rasenbildenden Kräutern bis hin zu über 100 cm hohen Gesellen, bei denen die winzigen Blüten häufig in langen, endständigen, spitz zulaufenden Trauben stehen. Der Enzian-Ehrenpreis (*V. gentianoides*) 🏆 trägt kleine, hellblaue Blütenbecher in bis zu 25 cm langen Trauben auf bis zu 45 cm hohen Stängeln; er ist eine ausgezeichnete Staude für den vorderen Beetbereich. Rasenbildende Arten wie der Gewöhnliche Liegende Ehrenpreis (*V. prostrata*) 🏆 und ***V. peduncularis*** sind schöne Bodendecker für den Steingarten; beide blühen in einem schönen Blau. ***V. peduncularis* 'Georgia Blue'** ist eine gute, pflegeleichte Sorte; ihre tiefblauen Blüten mit weißem Auge erscheinen überreich im Frühjahr, mit leichter Folgeblüte bis zum Spätsommer oder Herbst.

Bis vor Kurzem wurde auch der Graulaubige Ährige Blauweiderich (***Pseudolysimachion spicatum* ssp. *incanum***) der Gattung *Veronica* zugerechnet, mit der er nah verwandt ist. Mit seinem ausgesprochen dekorativen silbrigen Laub und den ins Violette tendierenden dunkelblauen Blüten auf 30 cm hohen Stängeln eignet er sich gut für den Beetvordergrund.

Die klassische englische Rabatte ist ohne Rittersporn (***Delphinium***) nicht denkbar. Diese beeindruckenden Stauden sind nirgendwo zu übersehen, allen voran die Sorten mit leuchtend sattblauen Blüten. Mit wunderschönem Blau beeindrucken **'Kestrel'**, eine der zeitigsten Sorten in hellem Enzianblau mit schwarzem Auge, **'Oliver'** 🏆 mit hübschen halbgefüllten Blüten in Mittelblau mit kontrastierendem schwarzem Auge (siehe auch Gute Pflanzpartner Seite 128), **'Blue Nile'** 🏆 mit eindrucksvoller gefüllter, intensivblauer Blüte mit weißem Auge, **'Bellamosum'** mit Blüten in dunklem Violettblau sowie ***D. grandiflorum* 'Blue Butterfly'** mit azurblauer Blüte.

Mit der überragenden Größe des Staudenrittersporns können die Glockenblumen (***Campanula***) nicht mithalten, und doch begeistern uns diese traditionellen Bauerngartenpflanzen mit ihren

1 | Rosa, Violett, Silber und Weiß beherrschen das Bild dieser frühsommerlichen Komposition von zarter, harmonischer Schönheit.

2 | Italienische Ochsenzunge (*Anchusa azurea*) 'Loddon Royalist'

3 | Graulaubiger Ähriger Blauweiderich (*Pseudolysimachion spicatum* ssp. *incanum*)

4 | Rittersporn (*Delphinium*) 'Kestrel'

5

6

7

hübschen glocken- oder becherförmigen, oft blauen Blüten immer wieder. Zu den schönsten Sorten zählt die Pfirsichblättrige Glockenblume (*C. persicifolia*) **'Telham Beauty'**, die sich mit breiten Blütenglocken in zartestem Himmelblau schmückt. Die schlanken Blütentrauben stehen bis 100 cm hoch über der grundständigen Rosette aus leuchtend grünem, lanzettlichem Laub. Ebenfalls ausgezeichnet ist die Riesen-Dolden-Glockenblume (*C. lactiflora*) **'Prichard's Variety'** 🏆 mit sattviolettblauen Blütendolden auf 75 cm hohem Stängel. Wesentlich kleiner ist die Zwerg-Glockenblume (*C. cochleariifolia*) 🏆, eine bezaubernde kriechende Art für den Stein- oder Vorgarten, die den ganzen Sommer über schieferblaue Blüten an 8 cm kurzen Stielen öffnet. Auch *C.* **'Samantha'** wächst polsterförmig und reckt ihre blauvioletten Blüten der Sonne entgegen.

Neben diesen beliebten Gartenstauden gibt es zahlreiche unbekanntere blaue Frühsommerstauden, die viel zu selten für die Beetgestaltung in Betracht gezogen werden. Die Wegwarte (*Cichorium intybus*) fasziniert mit hellblauen, gelegentlich auch weißen oder rosa Blüten an bis zu 120 cm hohen, verzweigten Stängeln mit eingeschnittenem Laub. Pflanzen Sie sie dort, wo Sie am Vormittag die Blüten leuchten sehen, denn ab Mittag sind diese geschlossen. Die Stauden der Gattung *Amsonia* entstammen den Wiesen und Wäldern Südosteuropas und Japans sowie den zentralen Regionen und dem Nordosten der USA; auch sie sollten öfter im Garten gezogen werden. *A. orientalis* trägt am 30 cm hohen Stängel schmales, weidenartiges Laub und Rispen winziger, veilchenblauer Röhrenblüten; die Gewöhnliche Texas-Amsonie (*A. tabernaemontana*) präsentiert vom Spätfrühling bis in den Sommer hinein dicht verzweigte, hellblaue Blütenstände auf 60 cm hohen Stängeln. Diese Stauden gedeihen in voller Sonne auf jedem frischen, durchlässigen Boden.

Der Südfranzösische Lein (*Linum narbonense*) trägt schöne, sattblaue Blütenteller mit weißem Auge; er benötigt mäßig fruchtbaren, durchlässigen, humosen Boden und ist meist recht kurzlebig, lohnt sich aber unbedingt. Das immergrüne Riesenvergissmeinnicht (*Myosotidium hortensia*) stammt von den neuseeländischen Chatham-Inseln. Über großen, herzförmigen, glänzenden

5 | Rittersporn (*Delphinium*) 'Oliver'

6 | Riesen-Dolden-Glockenblume (*Campanula lactiflora*) 'Prichard's Variety'

7 | Glockenblume (*Campanula*) 'Samantha'

Pflanzenporträt

Säckelblume (*Ceanothus*)

Wer seinen Garten bereits im Frühsommer mit blau blühenden Sträuchern schmücken möchte, sollte sich einmal unter den zumeist leider nicht sehr frostharten Säckelblumen umschauen. Die Sträucher dieser Gattung gedeihen im Beet oder vor einer Wand oder Mauer; niederliegende Arten sind als Bodendecker in der Rabatte oder im Steingarten einsetzbar. An der Wand gezogen ist *Ceanothus* ein herrlicher Hintergrund für ein blaues Beet oder für eine Kombination im Weiß-Rosa-Violett-Spektrum. Unbedingt notwendig sind ein vollsonniger, windgeschützter Standort mit durchlässigem Boden in einer warmen Lage sowie Wassergaben in sonnigen Wintern. Bei lang anhaltenden, extrem niedrigen Temperaturen ist ein zusätzlicher Winterschutz angebracht. Der Rückschnitt erfolgt bei immergrünen Arten vorzugsweise nach der Blüte, bei laubabwerfenden im Frühjahr. In trockenen, sonnigen Wintern unbedingt gießen.

'Concha' 🏆 (A) ist ein dichter, immergrüner Strauch mit dunkelgrünem Blatt und rundlichen »Zapfen« aus dicht gedrängten rötlichen Knospen, aus denen sich im Mai tiefblaue Blüten öffnen. Die Sorte wird 3 × 3 m groß (siehe auch Seite 75).

Die Blaue Säckelblume **(*C. thyrsiflorus*) 'Skylark'** 🏆 (B) zeichnet sich durch ihr großes, glänzendes, immergrünes Blatt und Unmengen locker zusammengefasster, mittelblauer Blüten im Mai/Juni aus. Ein aufrechtes, gut zum Wandstrauch geeignetes, jedoch wenig frosthartes Gehölz, das 2 × 1,5 m Größe erreicht.

'Blue Mound' 🏆 (C) präsentiert sich ausgewachsen als 1,5 × 2 m großer Blütenwall. Der immergrüne Strauch mit glänzendem, dunkelgrünem Laub blüht vom Spätfrühling bis in den Frühsommer hinein leuchtend blau und ist gut geeignet, um im vorderen Bereich einer Strauchrabatte Bodenschluss herzustellen.

***C. arboreus* 'Trewithen Blue'** 🏆 (D) wird ohne Rückschnitt 6 × 8 m groß; das immergrüne Gehölz eignet sich somit für eine tiefe Strauchrabatte. Zum dunkelgrünen, rundlichen Laub gesellen sich große, dunkelblaue, duftende Blütenstände.

Die Sankt-Barbaras Säckelblume **(*C. impressus*)** ist raschwüchsig mit hellblauen Blüten und dunkelgrünem, rundlichem, immergrünem Blatt; sie erreicht eine Größe von 1,5 × 2,5 m und lässt sich ausgezeichnet an der Wand ziehen.

'Cascade' 🏆 trägt seinen Namen zu Recht, denn zur Blütezeit verwandelt sich der dunkelgrün belaubte, überhängende wachsende Strauch in einen leuchtend blauen Wasserfall. Das immergrüne Gehölz erreicht eine endgültige Größe von 4 × 4 m; auf eine Böschungskrone gepflanzt ist es besonders wirkungsvoll.

A

B

C

D

Gute Pflanzpartner

Die Italienische Ochsenzunge (*Anchusa azurea*) 'Loddon Royalist' 🏆 (A) ist eine schöne Ergänzung zu rosigem Storchschnabel (*Geranium*) und kräftig pinkfarbenen Rosen (*Rosa*) wie *R.* 'Roseraie de l'Haÿ' 🏆 (B) (siehe auch Seiten 75 und 139).

Der Rittersporn (*Delphinium*) 'Oliver' (C) setzt unübersehbare vertikale Akzente - perfekt zum rundlichen Habitus der Chinesischen Pfingstrose (*Paeonia lactiflora*) 'Sarah Bernhardt' 🏆 (D) (siehe auch Seite 135).

Blättern schwebt im Frühsommer eine flache Dolde hell- bis dunkelblauer Vergissmeinnichtblüten auf 60 cm hohem Stiel. Das größte Manko dieser bezaubernden Staude ist ihre fehlende Frosthärte - ausgepflanzte Exemplare müssen im Herbst aufgenommen und frostfrei überwintert werden. Ideal ist konstant frischer, aber durchlässiger Boden im lichten Schatten, der bei Bedarf mit Splitt und Humus verbessert wird.

Weiße Blüten

Weiß steht dem Gartenliebhaber im Frühsommer reichlich zur Verfügung, von zwergenhaften Polsterstauden bis hin zu blühenden Bäumen. Beeindruckend ist der Taschentuchbaum (*Davidia involucrata*) 🏆, dessen unscheinbare Blüte von zwei unübersehbaren, taschentuchgroßen weißen Hochblättern umspielt wird. Die erlesene Japani-

8 | Taschentuchbaum (*Davidia involucrata*)

9 | Japanische Scheinkamelie (*Stewartia pseudocamellia*)

10 | Gewöhnliche Mehlbeere (*Sorbus aria*) 'Lutescens'

Gute Pflanzpartner

Die weiß-gelbe Kamillenblüte des Mutterkrauts (*Tanacetum parthenium*, A) harmoniert wunderbar mit den gelbgrünen Blüten und dem hellen Laub des Zier-Tabaks (*Nicotiana*) 'Lime Green' 🏆 (B) (siehe auch Seite 30).

Das flaumig behaarte Silberlaub des Woll-Ziests (*Stachys byzantina*) 'Big Ears' (C) bildet den perfekten Vordergrund für die steif aufrechten Blütenähren und das gefiederte Laub der Eisenhutauslese (*Aconitum*) 'Ivorine' (D).

sche Scheinkamelie (***Stewartia pseudocamellia***) 🏆 trägt weiße Rosenblüten mit einem auffälligen Kranz hellgelber Staubblätter. Der Pagoden-Hartriegel (***Cornus controversa***) **'Variegata'** 🏆 (siehe Foto Seite 29) ist ein eleganter Baum mit etagenförmig aufgebauter Krone und attraktivem Laub mit breitem hellem Saum; am schönsten anzusehen ist er im Frühsommer. Auch die Blätter der Gewöhnlichen Mehlbeere (***Sorbus aria***) **'Lutescens'** 🏆 leuchten zu dieser Zeit am hellsten; mit fortschreitender Saison werden sie immer dunkler.

Im Frühsommer legen auch die Pfeifensträucher (***Philadelphus***) ihr herrliches Blütenkleid an. Sie warten mit einfachen oder gefüllten, becher- oder schalenförmigen Blüten auf, und die meisten Sorten duften süß. Besonders verlässlich sind **'Virginal'** und **'Buckley's Quill'**, die beide gefüllt blühen, die einfach blühenden Sorten **'Beauclerk'** 🏆 und **'Burfordensis'** sowie der klein bleibende **'Manteau**

11 | Pfeifenstrauch (*Philadelphus*) 'Virginal'

12 | Nördliche Dreiblattspiere (*Gillenia trifoliata*)

13 | Clarkes Storchschnabel (*Geranium clarkei*) 'Kashmir White'

14 | Meerkohl (*Crambe cordifolia*)

Gute Pflanzpartner

Die hohen, weißen Blütendolden der Süßdolde (*Myrrhis odorata*, A) ergänzen die weißen Blütenkerzen des Roten Fingerhuts (*Digitalis purpurea*) 'Alba' (B) hervorragend. Beide sind ideal für einen halbschattigen Standort.

Die schneeweißen Blüten der dunkellaubigen Garten-Margerite (*Leucanthemum* × *superbum*) 'Esther Read' (C) sind ein schöner Formkontrast zum grazilen Rittersporn (*Delphinium*) 'Clear Springs White' (D).

d'Hermine' 🏆 (siehe Seite 65). Ebenfalls weiß strahlen in der ersten Sommerhälfte die zarten Blüten der Deutzien (*Deutzia*), und die Gattung *Paeonia* wartet mit weiß blühenden Baum- und Staudenpfingstrosen auf. Ganz bezaubernd ist die duftende, einfach blühende Chinesische Pfingstrose (*P. lactiflora*) 'White Wings' mit seidenpapierartigen weißen Blütenblättern und auffälligen gelben Staubblättern.

Weiße Stauden für den Frühsommer gibt es in Hülle und Fülle. Die Nördliche Dreiblattspiere (*Gillenia trifoliata*) 🏆 ist eine grazile Kandidatin für frischen Boden im Halbschatten. Ihre filigranen weißen Blüten, die sich den ganzen Sommer lang aus roten Knospen öffnen, werden durch das hübsch geteilte Laub und die roten Stiele perfekt ergänzt. Manch ein Storchschnabel (*Geranium*) blüht ebenfalls weiß, so etwa Clarkes Storchschnabel (*G. clarkei*) 'Kashmir White' 🏆, der Kaukasus-Storchschnabel (*G. renardii*) 🏆 und der Wald-Storchschnabel (*G. sylvaticum*) 'Album' 🏆. All diese Storchschnäbel wären gute Begleiter für die silberlaubige *Anthemis punctata* ssp. *cupaniana* 🏆 mit ihren kleinen Kamillenblüten. Mit duftigen Blütenwolken warten das Schleierkraut (*Gypsophila paniculata*) 'Bristol Fairy' 🏆 und der wesentlich größere Meerkohl (*Crambe cordifolia*) 🏆 auf, der sich durch großformatiges, dunkelgrünes Laub auszeichnet und bis 2 m Höhe erreicht. Bei beiden schweben winzige weiße Blüten an fein verzweigten Stielen hoch über dem Laub.

Durch filigranes Laub und zarte Blüten stechen die Wiesenrauten (*Thalictrum*) hervor. Die Akeleiblättrige Wiesenraute (*T. aquilegiifolium*) 'Album' trägt weiße Blütenpompons in flachen, doldigen Blütenständen auf 1 m hohen Stängeln. Geradezu schwer wirkt dagegen der pyramidenförmige Blütenstand, mit dem sich das Schaublatt (*Rodgersia*) schmückt. Diese Gattung feuchtigkeitsliebender Stauden aus Asien zeichnet sich durch meist gewichtige, nach oben schmaler werdende Blütenkerzen mit sternförmigen Blüten aus. Das Gezähnte Schaublatt (*R. podophylla*) 🏆 (siehe Seite 70) trägt 30 cm große, grünlich weiße Blütenrispen. Das Kastanien-Schaublatt (*R. aesculifolia*) 🏆 treibt einen höheren Blütenstand mit weißen bis rosigen Blüten (siehe Seite 135).

Stauden mit hoch aufragendem Blütenstand sind in jeder Gestaltung willkommen. Für elegante Auflockerung sorgen der Gewöhnliche Diptam (*Dictamnus albus*), dessen fünfzählige weiße oder rosa Blüten locker traubig zusammengefasst sind, und die weiße Sorte 'Alba' des Roten Fingerhuts (*Digitalis purpurea*) (siehe auch Gute Pflanzpartner links oben).

Dicentra spectabilis 'Alba' 🏆 ist die weiße Variante des Tränenden Herzens, das im Spätfrühling

---

15 | Gewöhnlicher Diptam (*Dictamnus albus*)

16 | Roter Fingerhut (*Digitalis purpurea*) 'Alba'

17 | Tränendes Herz (*Dicentra spectabilis*) 'Alba'

18 | Blassgelber Klee (*Trifolium ochroleucon*)

19 | Gewöhnliches Bach-Windröschen (*Anemone rivularis*)

20| Königs-Lilie (*Lilium regale*)

Weitere empfehlenswerte Bauerngartenpflanzen Gewöhnliche Akelei (*Aquilegia vulgaris*) • Berg-Flockenblume (*Centaurea montana*) • Roter Fingerhut (*Digitalis purpurea*) • Echte Geißraute (*Galega officinalis*) • Katzenminze (*Nepeta*) 'Six Hills Giant' • Bauern-Pfingstrose (*Paeonia officinalis*) 'Rubra Plena' • Blaue Himmelsleiter (*Polemonium caeruleum*)

15

16

17

18

19

20

und Frühsommer seine bezaubernden Blüten von weit übergebogenen Stängeln baumeln lässt. Diese Staude gedeiht in der Sonne wie im Halbschatten. Nicht weniger charmant ist die Gewöhnliche Nachtviole (***Hesperis matronalis***). Diese traditionelle Bauerngartenpflanze versamt sich eifrig, doch ihre vierzähligen weißen oder zartfliederfarbenen Blüten betören derart mit süßem Duft, dass man es ihr nicht übel nimmt. Die gefüllte weiße Sorte **'Alba Plena'** ist sogar noch schöner. Ein sehr zurückhaltendes Pflänzchen ist der Waldmeister (***Galium odoratum***), den im Spätfrühling und Sommer wochenlang winzige duftende Blütensterne zieren. Mit seinem hübschen smaragdgrünen Laub ist der Waldmeister ein guter Bodendecker im Waldgarten und unter immergrünen Hecken (siehe Seite 109). Eine weitere pflegeleichte Staude ist das Gewöhnliche Bach-Windröschen (***Anemone rivularis***). Es gedeiht an frischem Standort in der Sonne und im lichten Schatten und trägt weit geöffnete Blüten mit bläulicher Petalenunterseite an bis zu 60 cm langen, verzweigten Stängeln. Fast ebenso hoch wird der Blassgelbe Klee (***Trifolium ochroleucon***); seine großen, durchscheinenden Blütenköpfe schimmern grünlich.

Etwas aufwendiger zu halten ist die Kapmargerite (***Osteospermum***) **'Whirligig'**, die Temperaturen unter 0 °C nicht übersteht und daher warm überwintert werden muss. Ihre fröhlichen margeritenartigen Blüten mit den löffelförmigen Zungenblüten sind jedoch ein ausgesprochener Blickfang, und da die Pflanze vom späten Frühjahr bis zum Herbst blüht, lohnt sich die Mühe.

Vollkommen anders präsentieren sich die edlen Lilien (***Lilium***), für viele Gartenfreunde die Aristokraten des Sommers. Unübertroffen sind die Madonnen-Lilie (***L. candidum***) mit ihren reinweißen Blütentrompeten und die Königs-Lilie (***L. regale***), die sahneweiß mit purpurgestreifter Außenseite blüht.

Violett

Die Violettschattierungen des Frühsommers decken die komplette Palette der Blaurotvarianten ab, vom dunkelsten Purpur bis hin zum zartesten Fliederton. Mit sattem, dunklem Violett wartet der Steppen-Salbei (***Salvia nemorosa***) **'Mainacht'** 🏆 auf (siehe auch Seite 161). Besonders wirkungsvoll sind seine schlanken, violetten Blütenähren in einer naturnahen Komposition aus Stauden und Gräsern. Mit derselben Farbe beeindruckt die Indigolupine (***Baptisia australis***) 🏆, deren dunkelblauviolette Schmetterlingsblüten in locker besetzten Ähren bis 120 cm hoch stehen (siehe Gute Pflanzpartner Seite 134).

Ein ausgesprochen hübsches Zartviolett finden wir bei den Himmelsleitern (***Polemonium***), einer Staudengruppe, die sich durch fein gefiedertes Laub und darüber erhobene glocken- oder trichterförmige Blüten auszeichnet. Die Blaue Himmelsleiter (***P. caeruleum***) ist eine hohe Art mit hellblauer Blüte; die Blüten von ***P. boreale*** variieren von lilablau bis hellblau. Das niedrige ***P. carneum*** zeigt sich in den unterschiedlichsten Farben, von Blassrosa und Gelb bis hin zu dunklem Violett und Lavendel. Die Blütenglöckchen von ***P.*** **'Lambrook Mauve'** 🏆 öffnen sich zuverlässig fliederblau an verzweigten, bis 45 cm hohen Stängeln. Diese Stauden sind ausgezeichnet in der Rabatte; die höheren eignen sich außerdem für naturnahe Gestaltungen, und *P. caeruleum* lässt sich sogar in der Wiese ansiedeln.

Ausgesprochen umfangreich ist die Auswahl verlässlicher Gartenstauden mit Blüten in leuchtendem Purpur oder Violett. Die pflegeleichte Berg-Flockenblume (***Centaurea montana***) blüht kräftig blauviolett mit rötlichem Schimmer. Sie treibt den ganzen Sommer lang Knospen nach und ist für die Rabatte ebenso geeignet wie für den Naturgarten. Der Großblütige Ziest (***Stachys macrantha***) **'Superba'** stellt mit seinen auffälligen rosig violetten

21 | Gewöhnlicher Steppen-Salbei (*Salvia nemorosa*) 'Mainacht'

22 | Indigolupine (*Baptisia australis*)

23 | Berg-Flockenblume (*Centaurea montana*)

24 | Großblütiger Ziest (*Stachys macrantha*) 'Superba'

25 | Garten-Dreimasterblume (*Tradescantia × andersoniana*) 'Concord Grape'

26 | Große Skabiose (*Scabiosa caucasica*)

27 | Wiesen-Storchschnabel (*Geranium pratense*) 'Cluden Sapphire'

28 | Wiesen-Storchschnabel (*Geranium pratense*) 'Plenum Violaceum'

Weitere empfehlenswerte Bodendecker Kurilen-Beifuß (*Artemisia schmidtiana*) • Gefleckte Taubnessel (*Lamium maculatum*) 'Beacon Silver' • Wald-Vergissmeinnicht (*Myosotis sylvatica*) • Kleines Seifenkraut (*Saponaria ocymoides*) • *Saxifraga × urbium* • Kleines Immergrün (*Vinca minor*) 'Azurea Flore Pleno'

21

22

23

24

25

26

27

28

Gute Pflanzpartner

Der Storchschnabel (*Geranium*) 'Johnson's Blue' (A) ist mit seinen mittel- bis lavendelblauen Blüten der perfekte Begleiter für niedrige zartrosa Rosen (*Rosa*) wie 'Bonica 82' 🏆 (B).

Die farbstarke Indigolupine (*Baptisia australis*) 🏆 (C) wirkt bezaubernd zur Bodendeckerrose *Rosa* 'Ballerina' 🏆 (D), die sich vom Sommer bis zum Herbst mit großen Büscheln einfacher, rosaweißer Blüten schmückt.

Lippenblüten, die entlang des Stängels in dichten Quirlen über dem behaarten, grünen Laub stehen, eine schöne Ergänzung für den vorderen Beetbereich dar. Der 60 cm hohe, aufrechte Blütenstand benötigt keinerlei Stütze; die Pflanze schiebt vom Frühsommer bis zum Herbst neue Blüten nach.
Auch die winterharten Arten der Gattung ***Tradescantia***, an den drei dreieckigen Blütenblättern und drei Kelchblättern leicht zu erkennen, sind ausgezeichnete Rabattenstauden. Sie gedeihen sowohl in der Sonne als auch im lichten Schatten. Die Garten-Dreimasterblume **(*T.* × *andersoniana*) 'Concord Grape'** ist eine erlesene, sattviolett blühende Sorte.
Die kreisrunden Blütenköpfe der Skabiosen **(*Scabiosa*)** wirken im Beet und im Naturgarten gleichermaßen bezaubernd. Als schönste darf man wohl die Große Skabiose **(*S. caucasica*)** bezeichnen, von der es mehrere ausgezeichnete Sorten gibt. 8 cm messen ihre hellblauen oder lavendelfarbenen Blüten; sie stehen auf 45 cm hohem Stiel und erscheinen ununterbrochen vom Hoch- bis in den Spätsommer. Sie ist nicht nur eine schöne Rabattenstaude, sondern auch im Kübel eine ausgesprochen elegante Erscheinung. Für gutes Gedeihen benötigen Skabiosen einen vollsonnigen Standort und neutralen bis kalkhaltigen, durchlässigen, mäßig nährstoffreichen Boden.
Verlässlich, pflegeleicht, hübsch anzusehen – dies beschreibt die Stauden der Gattung ***Geranium***. Sie blühen in sämtlichen Farben, die wir mit dem Frühsommer assoziieren, von Rosa, Blau und Weiß bis hin zu Violett und Purpur. Die höheren Arten und Sorten sind ausgezeichnete Beetstauden oder auch Bodendecker unter Gehölzen und Rosen (siehe Gute Pflanzpartner links). Storchschnabel gedeiht je nach Art in Sonne und Halbschatten, und in der Rabatte fügen sich diese Stauden angenehm zwischen andere Pflanzen ein. Wird Storchschnabel nach der Blüte bodennah zurückgeschnitten, reagiert er umgehend mit neuem Laubaustrieb und gelegentlich auch mit neuen Blüten.
Der Pracht-Storchschnabel **(*G.* × *magnificum*)** ist dicht mit großen, einfachen, blauen Blüten mit dunkler, blauvioletter Aderung übersät. Clarkes Storchschnabel **(*G. clarkei*) 'Kashmir Purple'** trägt über seinem fein geteilten Laub einfache Blüten in sattem Fliederblau mit kräftig roter Aderung. Eine köstliche Auslese des Wiesen-Storchschnabels **(*G. pratense*)** ist **'Plenum Violaceum'** 🏆 (siehe auch Seite 65): Sie schmückt sich mit dicht gefüllten violetten Blüten mit purpurfarbig schimmernder Mitte. Mit 100 cm hohen, dichten Blütenständen beeindruckt eine andere Sorte des Wiesen-Storchschnabels, **'Cluden Sapphire'**, die vom Früh- bis Hochsommer wochenlang einfache, dunkelblaue Blüten öffnet. Der Himalaya-Storchschnabel **(*G. himalayense*)** trägt vom Hoch- bis Spätsommer einfache violettblaue Blüten mit rötlich schimmernder, weißer Mitte. Der Wald-Storchschnabel **(*G. sylvaticum*) 'Mayflower'** 🏆, eine ausgezeichnete hellblaue Auslese mit rosa Aderung, wartet mit einfachen Blüten an 60 cm hohen Stängeln auf. Auf feuchtfrischem Boden erweist sich diese Art als besonders blühfreudig, was sie für einen Standort am Teich- oder Bachufer oder für den Sumpfgarten prädestiniert.

Rosige Blütenpracht

Der Frühsommer wäre ohne Rosa in all seinen Varianten gar nicht denkbar. Zu keiner anderen Jahreszeit ist diese Farbgruppe so vielfältig vertreten wie gerade jetzt, denn neben den rosa Stauden steht nun auch der Großteil der Rosen (*Rosa*) in voller Blüte. Schon eine Kurzvorstellung der diversen Rosensorten in Pink, Rosa und Rosé würde viele Seiten beanspruchen, weshalb wir hier nicht näher auf sie eingehen können. Eine kleine Zusammenstellung empfehlenswerter Rosen, nach Farben geordnet, findet sich auf Seite 139.
In der ersten Sommerhälfte verzaubern üppige Pfingstrosen **(*Paeonia*)** unsere Rabatten. Sowohl

29 | Chinesische Pfingstrose (*Paeonia lactiflora*) 'Bowl of Beauty'

30 | Chinesische Pfingstrose (*Paeonia lactiflora*) 'Sarah Bernhardt'

31 | Kastanien-Schaublatt (*Rodgersia aesculifolia*)

32 | Astilbe (*Astilbe*) 'Grete Püngel'

33 | Gewöhnlicher Diptam (*Dictamnus albus*) 'Purpureus'

34 | Madeira-Storchschnabel (*Geranium maderense*)

35 | Kronen-Lichtnelke (*Silene coronaria*)

Gute Pflanzpartner

Die duftigen Blütenstände des Ockerfarbigen Federmohns (*Macleaya microcarpa*, A) stellen Apricot- und Rosatöne in den Blüten anderer Pflanzen schön heraus – so etwa beim Rostigen Fingerhut (*Digitalis ferruginea*) 🏆 (B).

Der in zartem Violettrosa blühende Gewöhnliche Diptam (*Dictamnus albus*) 'Purpureus' (C) ist ein idealer Partner für rosige Storchschnäbel wie das niedrige, zartrosa *Geranium sanguineum* var. *striatum* 🏆 (D).

Stauden- als auch Strauchpfingstrosen tragen mit rosa, weißen, roten oder gelben Blüten zu der Pracht bei. Die einziehenden Chinesischen Pfingstrosen (*P. lactiflora*) **'Sarah Bernhardt'** 🏆 (siehe Gute Pflanzpartner Seite 128) und **'Shirley Temple'** neigen sich schwer unter der Last ihrer dicht mit rosigen Petalen gefüllten romantischen Blüten. An Anemonen erinnert die sogenannte japanische Blütenform der Sorte **'Bowl of Beauty'** 🏆, bei der rosarote Blütenblätter die schmalen, sahneweißen, petaloiden Staubblätter umkränzen. Pfingstrosen fühlen sich in der Strauchrabatte ebenso wohl wie in der gemischten Rabatte und im Staudenbeet. Da sie sich ungern stören lassen, sollte man sie nach dem Einwachsen nach Möglichkeit nicht mehr aufnehmen. Die Blütezeit dauert leider nur relativ kurz an, doch manche Sorten machen das im Herbst mit einer schönen Laubfärbung wett.

Ein ausschließlich Pfingstrosen gewidmetes Beet wirkt sehr beeindruckend, doch der Kontrast zu hoch aufragenden Stauden unterstreicht die Wuchs- und Blütenformen der Pfingstrosen besonders gut, was vor allem beim einfarbigen Garten wichtig ist. Eine eindrucksvolle Gesellschafterin für rosige Strauchpäonien und die höheren Staudenpfingstrosen ist die Turkestan-Steppenkerze (***Eremurus robustus***) mit ihren imposanten blassrosa Blütenschweifen. Allein der kerzenartige Blütenstand dieser imposanten Staude kann eine Länge von 1,2 m erreichen, bei einer Gesamthöhe von bis zu 3 m. Kaum weniger eindrucksvoll präsentiert sich der 2 m hohe Ockerfarbige Federmohn (***Macleaya microcarpa***), der mit reich verzweigten, durchsichtigen Blütenrispen in eher zurückhaltendem Rehbraun aufwartet (siehe Gute Pflanzpartner links). Die Sorte **'Kelway's Coral Plume'** 🏆 blüht hellkorallenrot. Diese attraktive Großstaude sollte allerdings unter Kontrolle gehalten werden, da sie zum Wuchern neigt.

Das Kastanien-Schaublatt (***Rodgersia aesculifolia***) 🏆 fällt ebenfalls durch seinen Blütenstand auf. Über dem markanten Laub stehen winzige, weiße oder rosa Blütensterne in großen, locker verzweigten Rispen. Der Horst kann eine Höhe von rund 1,2 m erreichen.

Astilben (*Astilbe*) sind ideale Stauden für feuchte, halbschattige Standorte und beeindruckt vor allem als Massenpflanzung. Die Sorte **'Grete Püngel'** trägt besonders flauschige, zartrosa Blütenstände an dunkelroten Stielen.

Der Gewöhnliche Diptam (***Dictamnus albus***) imponiert ebenfalls mit hohen Blütenkerzen. Die Sorte **'Purpureus'** 🏆 blüht malvenrosa mit violetter Aderung; mit ihren 90 cm hohen Blütenständen ergänzt sie rundliche Stauden wie pink oder violett blühenden Storchschnabel (***Geranium***) ganz hervorragend (siehe Gute Pflanzpartner links oben). Manch ein Geselle dieser Gattung kommt wie eine Leuchtreklame daher: Mit theatralischem Magenta beeindrucken sowohl der Armenische Storchschnabel (***G. psilostemon***) 🏆 als auch ***G.* 'Ann Folkard'** 🏆. Der bis 120 cm hohe Madeira-Storchschnabel (***G. maderense***) 🏆 wartet mit pink-magentafarbenen Blüten zu attraktivem, fein gefiedertem Laub auf und lässt uns darüber seine fehlende Winterhärte vergessen. Der ebenfalls frostempfindliche Riversleaa-Storchschnabel (***G. × riversleaianum***) **'Russell Prichard'** 🏆 bringt über einen schier endlosen Zeitraum immer neue Blüten in sattem Magenta her-

Weitere empfehlenswerte rosa blühende Stauden Schlangen-Wiesenknöterich (*Bistorta officinalis* ssp. *officinalis*) 'Superba' • Riesen-Dolden-Glockenblume (*Campanula lactiflora*) 'Loddon Anna' • Berufskraut (*Erigeron*) 'Charity' • Stängellose Freilandgloxinie (*Incarvillea delavayi*) • Ährige Prachtscharte (*Liatris spicata*) • Verbene (*Verbena*) 'Sissinghurst'

vor, perfekt abgerundet durch graugrünes Laub. Dieser gute Bodendecker wird nur 30 cm hoch.
Die graulaubige Kronen-Lichtnelke (***Silene coronaria***) ♕ trägt ihre fast kreisrunden, magentafarbenen Blüten an 90 cm hohen Stängeln. Am schönsten wirkt diese Staude in der Rabatte in Gesellschaft anderer silbriger Pflanzen. Weniger auffällig sind die heller bläulich rosa, weißen oder roten Blüten der verwandten Jupiter-Lichtnelke (***S. flos-jovis***) ♕, die an bis zu 60 cm hohen, weißfilzigen Blütenstängeln stehen, doch diese Art erweist sich als ausgezeichnete Rabattenstaude.

Gelbe Blüten

Wunderschöne zitronengelbe Blüten trägt im Frühsommer die strauchig wachsende wilde Gelbe Kaukasus-Pfingstrose (***Paeonia mlokosewitschii***). Ihre schwefelgelben, ovalen Blütenblätter geben den Blick auf ein stattliches Büschel gelber Staubblätter am Grund der einfachen Blüte frei. Auch die duftenden, gefüllten Blüten der Chinesische Pfingstrose (***P. lactiflora***) **'Laura Dessert'** ♕ mit sahneweißen äußeren und kanariengelben inneren Blütenblättern sind bezaubernd.

Die Mehrzahl der gelben Korbblütler macht uns erst im Spätsommer ihre Aufwartung, doch öffnen die Strauchmargerite (***Argyranthemum***) **'Jamaica Primrose'** ♕ und die Färber-Hundskamille (***Anthemis tinctoria***) **'E.C. Buxton'** ihre margeritenartigen gelben Blüten bereits im Früh- und Hochsommer. In einem gelben Beet bilden sie eine hervorragende Grundlage für die Blütenbäusche und das farnartige Laub der Glänzenden Wiesenraute (***Thalictrum lucidum***). Wachsenden Anklang findet seit einigen Jahren auch die Gold-Garbe (***Achillea filipendulina***) **'Gold Plate'** ♕ (siehe Seite 151), denn ihre flachen, goldgelben Blütenstände sind eine gute Ergänzung zu Gräsern und kleinblütigen Stauden.
Trichterförmige, rundliche, trompeten- oder sternförmige Blüten sind das Erkennungsmerkmal der Taglilie (***Hemerocallis***, siehe Seite 76), von der zahllose attraktive gelbe Sorten existieren. Ungebrochener Beliebtheit erfreuen sich auch Wildarten

36 | Die Blütensterne der Taglilie (*Hemerocallis*) 'Hyperion' ergänzen die Blütenkerzen der Seidenhaar-Königskerze (*Verbascum bombyciferum*) wunderbar.

wie die Wiesen-Taglilie (*H. lilioasphodelus*) mit ihren zitronengelben Blütensternen und die Zitronen-Taglilie (*H. citrina*) mit Blütensternen in hellem grünlichem Gelb. Besonders beachtenswerte Sorten sind die sogenannten nachtblühenden Taglilien *H.* 'Hyperion' und *H.* 'Marion Vaughn' 🏆, die ihre duftenden, zitronengelben Blütensterne am Abend öffnen.

Wer jemals Königskerzen (*Verbascum*) im Garten hatte, weiß, welche Höhe sie erreichen können. Das 120 cm hohe *V.* 'Gainsborough' 🏆 blüht buttergelb zu graugrünem Laub, und die noch höhere Seidenhaar-Königskerze (*V. bombyciferum*) treibt dicht mit schwefelgelben Blüten besetzte, bis 180 cm hohe Stängel. Hinzu kommt bei dieser Art das attraktive halbimmergrüne, flaumig behaarte Laub, auf das der regionale Volksmund mit dem Namen »Wollkraut« verweist. Dekoratives Laub und schöne Blüten kennzeichnen auch das Brandkraut (*Phlomis*); die besonders attraktive Art *P. russeliana* 🏆 trägt zartgelbe Blütenquirle an 90 cm hohen Trieben und ist später mit ihren trockenen Samenständen ein interessanter Winterschmuck.

Auch ***Thermopsis lanceolata*** wird 90 cm hoch; diese vorzügliche Staude trägt hübsche, hellgelbe Schmetterlingsblüten auf 90 cm hohen Stielen. Ihr geteiltes Laub fällt durch die silbrige Behaarung auf.

37 | Strauchmargerite (*Argyranthemum*) 'Jamaica Primrose'

38 | Wiesen-Taglilie (*Hemerocallis lilioasphodelus*)

Eine Auswahl empfehlenswerter Rosen (*Rosa*)

Weiße Blüten
'Albéric Barbier' 🏆
'Blanc Double de Coubert' 🏆
'Margaret Merril' 🏆
'Nevada' 🏆 (A)
'Schneewittchen' 🏆
'Seagull' 🏆

Gelbe Blüten
'Arthur Bell' 🏆
'Golden Celebration' 🏆 (B)
'Golden Wings' 🏆
'Goldfinch'
'Grandpa Dickson'
'Moonlight'
Bibernell-Rose (*R. spinosissima*) 'Dunwich Rose'

Lilarosa Blüten
'Celeste' 🏆
'Constance Spry' 🏆
'Fantin-Latour' 🏆
'Königin von Dänemark' 🏆
'Mary Rose' 🏆
'Président de Sèze' 🏆 (C)
'The Fairy' 🏆

Apricot- bis lachsrosa Blüten
'Alchymist' (D)
'Bonica 82' 🏆
'Compassion' 🏆
'Desprez à Fleurs Jaunes' 🏆
'Gruß an Aachen'
'Mrs Oakley Fisher' 🏆
Tee-Rose (*R. × odorata*) 'Mutabilis' 🏆

Rote Blüten
'Crimson Shower' 🏆
'Etoile de Hollande'
'Fragrant Cloud'
'Geranium' 🏆
'Tess of the d'Urbervilles' (E)
'Tuscany Superb' 🏆
'Zigeunerknabe' 🏆

Purpurrote Blüten
'Cardinal de Richelieu' 🏆
'Madame Isaac Pereire' 🏆
'Nuits d'Young' 🏆
'Roseraie de l'Haÿ' 🏆 (F) (siehe auch Seite 75 und Gute Pflanzpartner Seite 128)

A

B

C

D

E

F

A

B

C

D

Pflanzenporträt

Bartfaden (*Penstemon*)

Der Bartfaden erfreut sich seit einiger Zeit wachsender Beliebtheit, denn immer mehr Gartenfreunde erkennen, welch ein Gewinn er für die Staudenrabatte ist. Seine eleganten, an Fingerhut (*Digitalis*) erinnernden Blüten warten mit einer ganzen Palette zarter bis kräftiger Farben auf; sie reicht von Weiß bis hin zu düsterem Violett und umfasst dabei Pink-, Malven- und Blaunuancen. Manche Blüten zeichnen sich durch einen weißen Schlund aus, andere durch kontrastfarbene Streifen. Oft öffnen sich im Sommer wochenlang neue Knospen – besonders dann, wenn Verblühtes regelmäßig ausgeputzt wird.

In der Gattung *Penstemon* sind rund 250 Arten versammelt, die sämtlich in Nord- und Zentralamerika heimisch sind. Dazu zählen einziehende, halbimmergrüne und immergrüne Stauden und Halbsträucher diverser Standorte – von der offenen Prärie bis hin zu alpinen Situationen. Manche Arten sind bereits in ihrer wilden Form gartenwürdig, doch erst mit der Einführung diverser ausgezeichneter Kultursorten kam die Begeisterung der Gartenfreunde so richtig in Schwung. Diese Sorten wachsen eifrig und blühen überreich; es gibt sogar wintergrüne Sorten, deren Laub den ganzen Winter anhaftet.

Der Bartfaden stellt seine Röhrenblüten in aufrechten traubigen Blütenständen zur Schau. Die Einzelblüte ist zweilippig, wobei die obere Lippe meist zweilappig und die untere dreilappig ist. Manche Sorten tragen zierliches linealisches oder lanzettliches Laub, andere haben größere elliptische bis eirunde Blätter.

Die höheren *Penstemon*-Sorten sind überragende Beetstauden. Sie gedeihen in Sonne bis Halbschatten auf gutem, durchlässigem Gartenboden. Wo im Winter mit stärkerem Frost zu rechnen ist, empfiehlt es sich, den Wurzelbereich mit Mulch abzudecken. Halbstrauchig und zwergig wachsende Vertreter verlangen nach voller Sonne und bevorzugen mäßig nährstoffreichen, sehr durchlässigen Boden.

Alle im Folgenden beschriebenen Arten und Sorten sind mehrjährig, sofern nicht anderes angegeben wird.

'Burgundy' (A) trägt vom Hochsommer bis zum Frühherbst bzw. zur Herbstmitte große Blüten in tiefem Burgunderrot an etwa 75 cm hohen Stängeln; das Laub ist relativ groß.

'Andenken an Friedrich Hahn' 🏆 (B), auch als **'Garnet'** gehandelt, trägt vom Hochsommer bis zur Herbstmitte kleine, weinrote Blüten an etwa 75 cm hohen Blütenstängeln; das Laub ist schmal.

'Evelyn' 🏆 (C) ist ein schmalblättriger Bartfaden; vom Hochsommer bis zum Frühherbst bzw. zur Herbstmitte erscheinen die kleinen, hellrosa Blüten an bis zu 60 cm hohen Stängeln.

Der Verschiedenblättrige Bartfaden **(*P. heterophyllus*) 'Catherine de la Mare'** 🏆 (D), ein nicht winterharter immergrüner Halbstrauch von 30–50 cm Höhe, trägt linealisches bis lanzettliches Laub und im Sommer mittelgroße, blaue Blüten.

'Stapleford Gem' 🏆 (E) blüht vom Hochsommer bis zum Frühherbst bzw. zur Herbstmitte fliederfarben bis violett mit weißem Schlund; dazu kommt dunkles Laub. Er wird etwa 90 cm hoch.

'Raven' 🏆 (F) ist eine exzellente Rabattenstaude mit tiefpurpurnen Blüten mit weiß geadertem Schlund an etwa 100 cm hohen Stängeln. Er blüht vom Frühsommer bis zur Herbstmitte.

P. barbatus (G), der Rote Bartfaden, wächst straff aufrecht und kann über 120 cm hoch werden. Seine schmalen, roten Blüten mit gelbem »Bart« erscheinen vom Frühsommer bis zum Frühherbst.

'Alice Hindley' 🏆 (H) ist ein hoher Bartfaden mit großen Blättern. Die großen, hellfliederfarbenen Blüten mit weißem Schlund schimmern außen violett und erscheinen vom Hochsommer bis zum Frühherbst bzw. zur Herbstmitte an bis zu 100 cm hohen Stängeln.

Weitere empfehlenswerte Bartfäden

- **'Apple Blossom'** 🏆: kleine, zartrosa Blüten mit weißem Schlund vom Hochsommer bis zum Frühherbst; schmales Blatt; Höhe 75 cm
- ***P. isophyllus*** 🏆: immergrüner Halbstrauch, mittelgroße Blüten in kräftigem Pink und Rot von Früh- bis Spätsommer; lanzettliches Blatt; Höhe 70 cm
- **'King George V'**: kleine Blüten, leuchtend rot mit rot geadertem weißem Schlund, vom Hochsommer bis Frühherbst oder Herbstmitte; schmales Blatt; Höhe 60 cm
- **'Sour Grapes'** 🏆: große Blüten in violettstichigem Fliederblau vom Hochsommer bis zum Frühherbst oder zur Herbstmitte; großes Blatt; Höhe 90 cm
- **'White Bedder'** 🏆: vom Hochsommer bis zum Frühherbst große, reinweiße Blüten; großes Blatt; Höhe 60 cm

1

Spätsommer

So kühl und nass der Sommer sich auch manchmal anlässt – im Spätsommer folgen Tage, da strahlt die Sonne mit aller Macht, sodass die Früchte reifen und die Knospen der zahllosen spät blühenden Stauden und Sträucher aufbrechen. In der Hitze dieser trockenen Tage schmelzen die frischen, kühlen Farben des Frühsommers dahin, und kräftige, warme Farben übernehmen das Regiment. Im Spätsommer geben glühendes Rot, Gelb und Orange und unübersehbare Pink-, Violett- und Blauschattierungen den Ton an.

Im Spätsommer sind unzählige farbstarke Stauden auf der Höhe ihrer Pracht, und das ganze Rot, Gelb und Orange verbindet sich zu atemberaubend flackernden Farbstimmungen. Doch auch ein dunkleres, üppigeres, möglicherweise geheimnisvolleres Farbenspiel ist möglich – man muss nur Kupfer, Bronze, kräftiges Pink, Violett oder Blau in die Mischung geben. Mit einer derart satten Palette kann der Gartenliebhaber jede Vorsicht fahren lassen und die ausdrucksstärksten Kombinationen des Jahres schaffen – doch nie ohne zu vergessen, dass kräftige, warme Kombinationen dann am besten ausfallen, wenn sie reichlich dunkelgrünes Laub enthalten.

Glühendes Rot

Die wichtigste Zutat für ein loderndes Spätsommerbeet sind Pflanzen mit großen, leuchtend roten Blüten, etwa die dramatische Dahlie *(Dahlia)* 'Bishop of Llandaff' 🏆 (siehe Seite 39) mit ihren offenen, halbgefüllten, blutroten Blüten und dem nahezu schwarzen Laub, die elegante Montbretie *(Crocosmia)* 'Lucifer' 🏆 mit tomatenroten Blüten an überhängenden Stielen und gefälteltem, schwertförmigem Laub sowie das erhabene Westindische Blumenrohr (*Canna indica*), das orange-rote, an Gladiolen erinnernde Blüten und teilweise dunkles Laub trägt. Diese Pflanzen beanspruchen unsere Aufmerksamkeit, weshalb ein Ausgleich in Gestalt von viel Grün und kleinblumigen Pflanzen nötig ist; geeignet sind z. B. Fingerkräuter (*Potentilla*), Fuchsien (*Fuchsia*) und Gräser. Es gibt diverse Fingerkräuter mit roten Blüten: Die staudig wachsende Sorte **'Gibsons's Scarlet'** 🏆 (siehe auch Seite 41) blüht blutrot, die strauchartige **'Etna'** trägt halbgefüllte Blüten in samtigem Dunkelrot, und der Gewöhnliche Fingerstrauch (*P. fruticosa*) **'Red Ace'** hat hübsche, zinnoberrote Blütenteller mit gelber Rückseite. Die strauchartigen Sorten zeichnen sich durch eine sehr lange Blütezeit aus, die vom Frühjahrsende bis zur Herbstmitte reicht.

Auch Fuchsien (*Fuchsia*) blühen langanhaltend vom Sommer bis in den Herbst hinein. Frostempfindliche Sorten setzen Sie in einen Kübel, um sie nach Bedarf ins Beet einzufügen. **'Mrs Popple'** 🏆 ist eine der unempfindlicheren Sorten; sie blüht scharlachrot mit violetter Krone und wächst zu einem dichten, etwa 100 × 100 cm großen Busch heran.

Unübersehbare Höhe bringt der Teufelstabak (*Lobelia tupa*) in die Rabatte, denn seine ziegelroten, zweilippigen Blüten hebt er 200 cm in die Höhe. Dieses chilenische Gewächs übersteht keinen stärkeren Frost, sollte also warm überwintert werden; im milden Weinbauklima genügt mit Glück eine dicke Mulchschicht. Die hohen Blütenkerzen des Teufelstabaks sind ein auffälliger Kontrast zur kissenartigen zottigen Blütenpracht der Indianernessel (*Monarda*). **'Cambridge Scarlet'** 🏆 blüht scharlachrot, **'Mahogany'** in dunklerem Weinrot. Beide Sorten stehen 90 cm hoch. Indianernesseln bevorzugen frischen, durchlässigen Boden an einem sonnigen bis halbschattigen Platz.

Der südafrikanische Spaltgriffel (*Schizostylis*) begeistert mit seinen leuchtenden, prächtigen Blüten; am vorderen Beetrand ist er ein schöner Begleiter für Indianernesseln, benötigt allerdings keine Sonne. *S. coccinea* **'Major'** 🏆 trägt scharlachrote Blüten

1 | Die Farben des Spätsommers: Montbretie (*Crocosmia*) 'Lucifer' und Lilien (*Lilium*) der Pink Perfection Grp. mit Bereifter Rose (*Rosa glauca*) und dunkellaubigem Schwarzem Holunder (*Sambucus nigra*)

2 | Westindisches Blumenrohr (*Canna indica*)

3 | Fingerkraut (*Potentilla*) 'Gibson's Scarlet'

4 | Fuchsie (*Fuchsia*) 'Mrs Popple'

Perückenstrauch (*Cotinus*)

Im Spätsommer überzieht sich auch der Perückenstrauch mit winzigen, unscheinbaren Blüten an wolkigen Rispen. Ebenso attraktiv wie dieser Blütennebel ist sein eirundes, violettes oder grünes Blatt, das im Herbst brillante Färbungen von Orange bis Rot annimmt. Diese ausgesprochen pflegeleichten Sträucher begnügen sich mit jedem mäßig nährstoffreichen, frischen, durchlässigen Boden und tolerieren volle Sonne ebenso wie lichten Schatten; nur die violett belaubten Sorten wie der Europäische Perückenstrauch (*C. coggygria*) 'Notcutt's Variety' mit dunkelrotem Laub und rosigen Blütenrispen gedeihen am besten an einem vollsonnigen Platz. Im Herbst wirkt *C. coggygria* 'Royal Purple' 🏆 (rechts) besonders beeindruckend, denn nun färbt sich sein dunkelburgunderrotes Laub leuchtend scharlachrot. Das hellgrüne Laub von *C.* 'Flame' 🏆 hingegen verfärbt sich orangerot bis feuerrot, und *C.* 'Grace' (siehe Seiten 75 und 166) beeindruckt mit dunklerem Kardinalsrot. Diese farbstarken Perückensträucher lassen sich nicht nur als Solitärgehölze, sondern auch in einer Strauchrabatte verwenden. Im Garten The Courts, den der britische National Trust in der Nähe von Melksham in Wiltshire unterhält, bilden diverse Perückenstrauchsorten das Rückgrat der großen Spätsommer- und Herbstrabatten, in deren Mittelpunkt neben purpurfarbenem Laub die Farben Rot, Gelb und Orange stehen.

an 60 cm hohen Stängeln. *'Viscountess Byng'* und 'Sunrise' 🏆 blühen hellrosa bzw. lachsrosa. Alle drei Sorten sind hervorragend für Vasen geeignet.
Hat eine rote Rabatte eine immergrüne Hecke im Rücken, so kann man diese wunderbar als Klettergerüst für die Flammende Kapuzinerkresse (*Tropaeolum speciosum*) 🏆 zweckentfremden. Diese chilenische Kletterpflanze trägt unzählige zinnoberrote Blüten zu ihrem gefingerten, mittelgrünen Laub. Für wirklich gutes Gedeihen verlangt sie nach frischem, humosem, neutralem bis saurem Boden, wobei der Wurzelbereich kühl und schattig sein sollte. In sehr milden Regionen können die Speicherorgane den Winter unter einer Mulchschicht im Boden überstehen.

Trübes Rot

Rotvarianten mit Orangeanteilen, Blutrot beispielsweise, fordern grundsätzlich Aufmerksamkeit, während Rottöne mit starkem Schwarz- oder Blauanteil meist weniger in die Augen springen. Die oft mit ein wenig Düsternis gekoppelte Intensität macht diese Nuancen jedoch zu sehr dankbaren Kombinationspartnern. Zu finden sind sie unter anderem bei der Bach-Kratzdistel (*Cirsium rivulare*) 'Atropurpureum'

5 | Spaltgriffel (*Schizostylis coccinea*) 'Major'

6 | Flammende Kapuzinerkresse (*Tropaeolum speciosum*)

Kapfuchsie (*Phygelius*)

Die im Spätsommer blühende Kapfuchsie, eine Gattung immergrüner Sträucher und Halbsträucher aus Südafrika, schmückt sich mit attraktiven Röhrenblüten in Pink, Magenta, Rot, Gelb und Orange. Besonders wirkungsvoll sind diese mit Fuchsien (*Fuchsia*) verwandten Pflanzen in der Staudenrabatte oder vor einer sonnigen Mauer. Ausgezeichnete Sorten sind die korallenrote *P.* × *rectus* 'Winchester Fanfare' (rechts), die orange *P.* × *rectus* 'Salmon Leap' 🏆, die kräftig rosarot blühende *P.* × *rectus* 'Devil's Tears' 🏆, *P.* × *rectus* 'Moonraker' mit cremegelber Blüte sowie die hellgelbe *P. aequalis* 'Yellow Trumpet' 🏆. Da diese Pflanzen Frost nur bedingt überstehen, sollten sie warm überwintert werden; abenteuerlustige Gemüter in milden Regionen versuchen es an geschützter Stelle mit reichlich Mulch.

mit kräftig weinroten Distelblüten sowie bei *Knautia macedonica* und ihren Sorten, darunter 'Mars Midget', deren dunkle, purpurrote Blüten an kleine Skabiosen (*Scabiosa*) erinnern. Solche kleinen, dunklen Blüten sehen nicht nur bezaubernd aus, sondern können als kleine Farbtupfer oder Hingucker eingesetzt werden. Größere, überwiegend helle Farbflächen gewinnen durch dunkle Akzente an Tiefe. Dasselbe gilt für das beliebte mexikanische

7 | Bach-Kratzdistel (*Cirsium rivulare*) 'Atropurpureum'

8 | *Knautia macedonica* 'Mars Midget'

Weitere empfehlenswerte Pflanzen in düsteren Farben Sommerflieder (*Buddleja davidii*) 'Black Knight' • Dahlie (*Dahlia*) 'Mount Noddy' • *Lobelia fulgens* 'Queen Victoria' • *Lysimachia atropurpurea* 'Beaujolais' • Bartfaden (*Penstemon*) 'Raven' • Stauden-Phlox (*Phlox paniculata*) 'Amethyst'

Schwarze Schmuckkörbchen (*Cosmos atrosanguineus*); auf 75 cm hohen, drahtigen, rötlich braunen Stielen trägt diese Staude flache Blütenteller in sattem, samtigem Mahagonirot, die deutlich nach Schokolade duften. Ihre Knollen werden im Herbst aufgenommen und frostfrei überwintert.

Wer hingegen nach hellerem Blaurot für seine spätsommerliche Rabatte sucht, der wird beim Japanischen Mädesüß (***Filipendula purpurea***) 🏆 fündig, das mit karminroten, flauschigen Blütenspirren auf 120 cm hohen, violetten Stängeln aufwartet. Das Prärie-Mädesüß (***F. rubra***) **'Venusta'** 🏆 blüht rosig und wird zum Ende der Blüte heller. Diese pflegeleichten Stauden gedeihen besonders gut an feuchten Standorten.

Auch der Wasserdost (***Eupatorium***) bevorzugt feuchten Boden; er macht sich gut im mittleren und hinteren Rabattenbereich. Der Gefleckte Wasserdost (***E. maculatum***) **'Atropurpureum'** 🏆 ist mit seinem grünvioletten Laub und den kräftig rosaroten Blüten in kissenförmigen Doldentrauben auf 2 m hohen Stängeln unverkennbar; im Herbst trägt er attraktive Samenstände.

Blütenpracht in Orange

Groß ist die Zahl der Pflanzen, die im Spätsommer mit orangen Blüten aufwarten. Der Gartenfreund kann sich frei entscheiden, ob er mit den prachtvollen Blüten von Blumenrohr (***Canna***), Lilien (***Lilium***), Dahlien (***Dahlia***) und Fackellilie (***Kniphofia***, siehe Seiten 148/149) ein großes Drama inszenieren will, oder ob er mit den eher kleinformatigen Blüten von Montbretie (***Crocosmia***), Sonnenbraut (***Helenium***) und Fingerkraut (***Potentilla***) auf der ruhigeren Seite bleiben möchte.

Das Blumenrohr (***Canna***) zählt mit seinem paddelförmigem Laub und den großen, asymmetrischen, dreizähligen Blüten zu den Stars der Spätsommer-

---

9 | *Lilium henryi*

10 | Garten-Montbretie (*Crocosmia × crocosmiiflora*) 'Jackanapes'

11 | Dahlie (*Dahlia*) 'Nargold'

12 | Schafgarbe (*Achillea*) 'Walther Funcke'

Gute Pflanzpartner

Die attraktiven orangen Türkenbundblüten von *Lilium henryi* 🏆 (A) werden besonders schön durch goldene Grasblüten ergänzt, etwa die des Riesen-Federgrases (*Stipa gigantea*) 🏆 (B) (siehe auch Seite 71).

Der dunkelrote Bartfaden (*Penstemon*) 'Red Wine' 🏆 (C) (siehe auch Seite 42) wirkt hervorragend in Verbindung mit dem dunkelvioletten Laub der Weißen Natternwurz (*Ageratina altissima*) 'Chocolate' 🏆 (D).

9

10

11

12

Pflanzenporträt

Fackellilie (*Kniphofia*)

Sämtliche Fackellilien sind imposante Pflanzen mit leuchtenden, keulenförmigen Blütenständen, die sie auf festen Stängeln über ihren Schopf aus linealischem, teils grasartig schmalem Laub erheben. Bienen, Hummeln und Schmetterlinge lieben sie sehr. Sowohl die immergrünen als auch die einziehenden Arten stammen aus dem tropischen und südlichen Afrika; dank eifriger Kreuzungsversuche existieren zahlreiche elegante, interessante Kultursorten. Die Blütenfarben reichen von Rot und Orange über Gelb und Cremefarben bis hin zu Weiß und grünlichem Weiß. Die schlanken, röhrenförmigen Einzelblüten sind zu dichten traubigen Blütenständen zusammengefasst. Diese variieren sehr in Größe und Form – sie können lang und schmal oder kurz und rundlich ausfallen, sich nach oben oder unten oder in beide Richtungen verjüngen oder als gleichmäßige Blütenkolben dastehen. Die Länge variiert von 5–40 cm. Manche Sorten sind zweifarbig rot und gelb. Die meisten blühen im Spätsommer oder Herbst, bei manchen jedoch beginnt die Blüte schon im Frühjahr oder Frühsommer.
Drama ist mit Fackellilien garantiert, ob sie als Gruppe in der Rabatte stehen oder sich hier und da in einer Gartenwiese verteilen. Sie gedeihen auf jedem guten, humosen, durchlässigen Boden in voller Sonne wie im Halbschatten. Jungpflanzen sind im ersten Winter empfindlich und sollten daher abgedeckt werden. Generell empfiehlt es sich, den Wurzelbereich über Winter mit Rindenmulch oder Laub zu schützen.

Weitere empfehlenswerte Fackellilien

- **'Bees' Sunset'** 🏆 blüht gelblich orange bei 90 cm Höhe.
- **'Green Jade'** ist immergrün und wird 150 cm hoch; ihre Blüten in hellem Cremegrün verblühen weiß.
- **'Little Maid'** erblüht weiß aus gelber Knospe bei 60 cm Höhe (siehe auch Seite 32).
- **'Percy's Pride'** erblüht kanariengelb aus grünen Knospen und wird 120 cm hoch.

C

D

'Erecta' (A) blüht korallenrot und wird 90 cm hoch; die sich öffnenden Knospen richten sich in die Höhe.

'Victoria' (B) ist mit 180 cm Höhe eine der größten Sorten; sie blüht zitronengelb.

Kniphofia rooperi (C) trägt ihre Blütenstände auf kräftigen, 120 cm hohen Stängeln. Das anfängliche Rotorange verblasst später zu Orangegelb.

'Royal Standard' 🏆 (D) ist ein Klassiker von 100 cm Höhe; ihre rötlichen Knospen färben sich mit dem Aufblühen hellgelb.

rabatte. An Glamour kaum zu übertreffen sind die Sorten **'Striata'** 🏆, die zum gelb gestreiften grünen Blatt leuchtend orange Blüten kombiniert, und **'Wyoming'** mit dunklem, braunviolettem Laub und gerüschten, orangen Blüten. Auch Lilien **(*Lilium*)** gibt es reichlich in dieser Farbe; besonders elegant ist ***L. henryi*** 🏆, die im Spätsommer und Frühherbst einen hohen Stängel mit sechs oder mehr charakteristischen Türkenbundblüten trägt (siehe Gute Pflanzpartner Seite 146). Als ***L.* African Queen Grp.** 🏆 sind ebenfalls empfehlenswerte, wüchsige Sorten zusammengefasst, die vom Hochsommer an duftende, orange Trompetenblüten am bis zu 2 m hohen Schaft öffnen.

Die Montbretie **(*Crocosmia*)** trägt ihre Blüten an elegant gebogenen Stängeln; sie wirkt zwar nicht so grandios wie Lilie und Blumenrohr, ist dafür jedoch anspruchslos und blüht im Spätsommer verlässlich über einen langen Zeitraum. Die Garten-Montbretie **(*C.* × *crocosmiiflora*) 'Jackanapes'** steht 60 cm hoch und trägt Blüten in strahlendem Hell- und Dunkelorange, während **'Solfatare'** 🏆 sich durch gelbe Blüten mit leichtem Apricotschimmer auszeichnet.

Von den allseits beliebten Korbblütlern erreichen einige der schönsten im Spätsommer ihren Höhepunkt. Besonders attraktiv ist die herrliche Sonnenbraut **(*Helenium*) 'Moerheim Beauty'** 🏆, die kupferrote Blütenblätter mit einem dunkelbraunen Auge kombiniert. Ihre Blüten stehen auf bis zu 90 cm hohen, verzweigten Stängeln und halten wochenlang. Außer dieser Sonnenbraut gibt es noch zahlreiche weitere attraktive rote, gelbe und bronzefarbene Sorten. **'Blütentisch'** 🏆 leuchtet in klarem Gelb mit hellbraunem Pinselstrich, **'Butterpat'** 🏆 blüht buttergelb, und **'Bruno'** trägt rostrote Blüten. Sämtliche Sorten sind ausgezeichnete Rabattenstauden für einen sonnigen Standort.

Dahlien **(*Dahlia*)** waren lange Zeit aus der Mode, doch inzwischen feiern sie ein großes Comeback – die Gunst des Publikums finden vor allem Sorten mit leuchtstarker, satter Blütenfarbe. **'David Howard'** 🏆 beeindruckt mit dicht gefüllter, apricotfarbener Blüte, deren Färbung sich zur Mitte hin intensiviert. Sie steht 75 cm hoch und zeichnet sich zusätzlich durch dunkelgrünes Laub aus. **'Nargold'** ist eine Hirschgeweih-Dahlie mit spitz ausgezogenen Petalen in einem Farbenspiel von Orange, Gelb und Apricot (siehe auch Seite 69). In einem Garten zum Thema »Orange« wäre ihre runde Blütenform ein guter Gegenpol zu den dicken, aufrechten Blütenkerzen des exotischen Roten Schmetterlingsingwers **(*Hedychium coccineum*) 'Tara'** 🏆, dessen hellorange Blüten sich mit dunkleren Narben und Staubblättern schmücken. Der Blütenschaft dieser Pflanze kann bei optimalen Bedingungen 150 cm Höhe erreichen, bleibt jedoch normalerweise wesentlich niedriger. Dieser Schmetterlingsingwer übersteht Temperaturen bis –5 °C, benötigt allerdings wie seine gesamte nähere Verwandtschaft Schutz vor kaltem Wind. Schmetterlingsingwer bevorzugt nährstoffreichen, durchlässigen Boden und fühlt sich in Sonne und Halbschatten gleichermaßen wohl.

Die flachen Blütenteller der Schafgarbe **(*Achillea*)** kontrastieren hervorragend mit den Formen von Schmetterlingsingwer, Gräsern und hohen Blütenkerzen. Zwei besonders attraktive orange blühende Sorten sind **'Terracotta'** (siehe Seite 38) und **'Walther Funcke'**.

Gelbe Blüten im Staudenbeet

Gewöhnlich assoziieren wir mit gelber Blütenpracht den Frühling, doch auch der Spätsommer wartet reichlich mit dieser Farbe auf, denn zahlreiche gelbe Korbblütler erreichen nun ihren Höhepunkt. Alles überragen die einjährigen Gewöhnlichen Sonnenblumen **(*Helianthus annuus*)** mit ihren gewaltigen Blütentellern, die wie Miniatursonnen strahlen. Den Pflanzenzüchtern haben wir inzwischen auch einjährige Sonnenblumen in Orange und Rot, in Braun- und Bronzetönen zu verdanken. Wem Stauden lieber sind, der findet in dieser Gattung ebenfalls ausgezeichnete Sorten: ***H. microcephalus* 'Lemon Queen'** 🏆 etwa blüht zitronengelb mit dunkler Mitte und kommt ohne Anbinden aus; die zahllosen Blüten öffnen sich vom Spätsommer bis zur Herbstmitte an bis zu 170 cm hohen Stängeln mit dunkelgrünem, deutlich geadertem Laub. Die Stauden-Sonnenblume **(*H. decapetalus*) 'Loddon Gold'** 🏆 trägt dicht gefüllte, sattgoldgelbe Blüten an 150 cm hohen Stängeln.

Viele der aus Nord-, Zentral- und Südamerika stammenden spätsommerlichen Korbblütler haben schon lange in den Gärten Europas eine neue Heimat gefunden. Neben den Sonnenblumen sind auch Sonnenhut **(*Rudbeckia*)**, Sonnenbraut **(*Helenium*)**, Sonnenauge **(*Heliopsis*)** und Scheinsonnenhut **(*Echinacea*)** aus unseren Rabatten kaum fortzudenken. Der Glänzende Sonnenhut **(*R. nitida*) 'Herbstsonne'** trägt Blüten mit zurückgeschlagenen, sonnengelben Petalen und grüner, kegelförmiger Mitte; sie stehen auf 200 cm hohen Stängeln. Der Gewöhnliche Sonnenhut **(*R. fulgida*)** und seine Sorten sind ebenfalls allseits beliebt; bekannt ist vor allem die unter dem Namen **'Goldsturm'** 🏆 gehandelte ***R. fulgida* var. *sullivantii***, deren goldgelbe Blüten mit schwarzbrauner Mitte auf 60 cm

13

14

15

16

17

13 | Sonnenblume (*Helianthus decapetalus*) 'Loddon Gold'

14 | Sonnenhut (*Rudbeckia fulgida*)

15 | Raues Sonnenauge (*Heliopsis helianthoides* var. *scabra*) 'Sommersonne'

16 | Gold-Garbe (*Achillea filipendulina*) 'Gold Plate'

17 | Weicher Frauenmantel (*Alchemilla mollis*)

Gelbe Blütensträucher

Zwar sind es die Stauden, die im Spätsommer die Bühne beherrschen, doch es gibt auch ausgesprochen lohnende Sträucher mit gelber Blüte. Altbewährt und immer verlässlich ist der Gewöhnliche Fingerstrauch (*Potentilla fruticosa*) 'Primrose Beauty' 🏆 (A) mit seinem graugrünen Laub und Blüten in hellem Himmelsschlüsselgelb. Auch auf die Blütenpracht der Johanniskrautsträucher (*Hypericum*) ist über einen langen Zeitraum Verlass. *H.* 'Hidcote' 🏆 (B) ist ein bis zu 1,2 m hoher, dichter, wintergrüner Strauch mit großen Blütenbechern. Das Duftlose Johanniskraut (*H.* × *inodorum*) 'Elstead', eine laubabwerfende Sorte, trägt kleine Blütensterne, auf die große, scharlachrote, beerenartige Früchte folgen. Mit lediglich 40 cm Höhe ist dies ein attraktiver Bodendecker für Schattenlagen.
Eine warme Mauer im Rücken oder aber einen geschützten sonnigen Pflanzplatz verlangt der Silberginster (*Argyrocytisus battandieri*) 🏆 (C) für gutes Gedeihen. Dieser lange den Ginstern (*Cytisus*) zugeordnete winterkahle Spätsommerblüher trägt attraktives silbrig grünes Laub und dazu leuchtend gelbe, intensiv nach Ananas duftende Blütenkerzen. Der bei uns nur bedingt winterharte Großstrauch wird etwa 2,5 m hoch.

hohen Stängeln stehen. Die Blüten des Schlitzblättrigen Sonnenhuts (***R. laciniata***) **'Goldquelle'** 🏆 sind dicht mit zitronengelben Petalen gefüllt und stehen 90 cm hoch.
An kleine Sonnenblumen erinnern die Korbblüten des Sonnenauges (***Heliopsis***); die meist gelben Einzelblüten stehen auf verzweigten, steifen Stängeln. Das Raue Sonnenauge (***H. helianthoides* var. *scabra***) **'Sommersonne'** trägt einfache bis halbgefüllte Blüten mit braunem Auge und dunkelgoldgelben Blütenblättern, die orangegelb überlaufen sein können; die Stängel sind 90 cm hoch. ***H. helianthoides* var. *scabra* 'Light of Loddon'** 🏆 blüht leuchtend gelb und halbgefüllt mit kegelförmiger Mitte; die Blüten stehen auf 110 cm hohen, verzweigten Stängeln. Kaum eine andere Sorte ist derart dunkelgrün belaubt. ***H. helianthoides* var. *scabra* 'Incomparabilis'** trägt gefüllte, orangegelbe Blüten.
Auch der Alant (***Inula***) leuchtet gelb, doch seine Blüten sind flach mit schmalen Blütenblättern. Der Große Alant (***I. magnifica***) blüht in klarem Gelb und wird 180 cm hoch; die Blüten von ***I. hookeri*** sind heller gelb, und er bleibt mit 75 cm Höhe wesentlich niedriger. All diese Korbblütler wirken zu Gräsern und zu Stauden mit andersartigen Blütenformen ganz bezaubernd. Schöne Begleiter für eine Ton-in-Ton-Gestaltung wären z. B. Nachtkerzen (***Oenothera***) und Schafgarben (***Achillea***). Die Rotstängelige Nachtkerze (***O. fruticosa***) öffnet ihre kräftig gelben Blütenteller vom Spätfrühling bis zum Spätsommer, und zwar bereits tagsüber, und sowohl die Gold-Garbe (***A. filipendulina***) **'Gold Plate'** 🏆 als auch ***A.* 'Moonshine'** 🏆 prunken mit den charakteristisch flachen Blütentellern der Gattung – die eine in kräftigem Goldton, die andere in Hellgelb.
Euphorbia schillingii 🏆 (siehe Gute Pflanzpartner

17 18

Seite 113), ***E. sikkimensis*** 🏆, der Weiche Frauenmantel (***Alchemilla mollis***) 🏆 und sein wesentlich kleinerer Verwandter, der Verbundene Frauenmantel (***A. conjuncta***), treiben bis in den Spätsommer hinein zarte, duftig gelbgrüne Blütenwolken und fügen sich am Beetrand perfekt zwischen Korbblütler und andere Stauden.

Duftgenuss garantieren im Spätsommer die spät blühenden Lilien (***Lilium***) der **Golden Splendor Grp.** 🏆, die ihre großen Trompetenblüten an kräftigem Schaft 2 m in die Höhe recken. Nicht weniger stattlich wirkt die Arznei-Engelwurz (***Angelica archangelica***), ein dem Gewöhnlichen Wiesen-Kerbel (*Anthriscus sylvestris*) verwandter Doldenblütler mit grünlich gelben Blüten auf kräftigem, 200 cm hohem Stängel. Da diese Staude nach der Blüte vergeht, wird sie im Garten oft wie eine Zweijährige behandelt.

Blaue Blüten

Etliche Stauden erfreuen uns im Spätsommer lange mit blauen Blüten. Der schöne, tiefblau mit weißem Auge blühende Storchschnabel ***Geranium wallichianum* 'Buxton's Variety'** 🏆 sowie die blauviolette Sorte ***Geranium* 'Rozanne'** öffnen beide über einen langen Zeitraum hinweg neue Knospen. Die anspruchslosen Kugeldisteln (***Echinops***) ***E. ritro*** und Banater Kugeldistel (***E. bannaticus***) locken im Spätsommer mit ihren graublauen bzw. stahlblauen Blütenkugeln wochenlang die Insekten an. So attraktiv diese auch sind – noch faszinierender präsentieren sich die von dekorativen, stachligen Hochblättern gesäumten Blütenstände der Edeldisteln (***Eryngium***), die hoch über der grundständigen Blattrosette schweben. Je nach Art zeigt sich die blaue Farbe der Blüten und Hochblätter unterschiedlich intensiv: Beim Elfenbein-Mannstreu (***E. giganteum***) 🏆 umkränzen silbrige Hochblätter die stahlblauen Blüten; bei ***E. × oliverianum*** 🏆 glänzen sowohl die Blüten als auch die Hochblätter silbrig blau. Ähnlich gefärbt ist der Alpen-Mannstreu (***E. alpinum***) 🏆, nur sind bei diesem die Hochblätter weich und fein zerschlitzt. ***E. × tripartitum*** 🏆 bringt

17 | *Geranium wallichianum* 'Buxton's Variety'

18 | *Echinops ritro*

wesentlich kleinere, lavendelblaue Blütenköpfe mit besonders schmalen, graublauen Hochblättern hervor. Mit 45 cm bleibt der Spanische Mannstreu (*E. bourgatii*) 'Graham Stuart Thomas' halb so hoch wie die bisher genannten Arten; er trägt geadertes Laub, gepaart mit silbrig blauen Blüten und Hochblättern. Die Farbe der Edeldisteln bleibt auch nach dem Trocknen erhalten. Storchschnabel (*Geranium*) und Edeldisteln (*Eryngium*) wachsen überwiegend niedrig bis mittelhoch und werden somit am besten im vorderen und mittleren Rabattenbereich platziert. Ganz anders präsentiert sich die Wilde Artischocke (*Cynara cardunculus*) 🏆, eine gigantische Staude mit gewaltigen, tief eingeschnittenen, silbernen Blättern und blauvioletten Distelblüten, die im Spätsommer auf 180 cm hohen Stängeln prangen. Diese imposante Gestalt eignet sich perfekt für die Einzelstellung, aber auch als Blickfang in einer größeren Freifläche (siehe Seite 57).

Intensives Blau, wie es der Mexikanische Salbei (*Salvia patens*) 🏆 und *S. uliginosa* 🏆 beisteuern, ist im spätsommerlichen Garten immer willkommen. Ein weiterer Gartenstar ist zu dieser Zeit die Schmucklilie (*Agapanthus*); Sonne sowie durchlässiger, nährstoffreicher Boden sind nötig, damit diese afrikanische Schönheit ihre zu großen Kugeln zusammengefassten, blauen oder weißen Blütenglöckchen hervorbringt. Manche Arten blühen in zartem, andere in kräftigerem Blau; das dunkelste Nachtblau weist der südafrikanische *A. inapertus* auf. Der Handel hält viele überwältigende Sorten bereit, darunter *A.* 'Blue Giant' und *A.* 'Midnight Blue'; diese ziehen ihr Laub im Winter ein und

19 | Pyrenäendistel (*Eryngium bourgatii*) 'Graham Stuart Thomas'

20 | Schmucklilie (*Agapanthus*) 'Blue Giant'

Empfehlenswerte blau blühende Sträucher Clandon-Bartblume (*Caryopteris × clandonensis*) • Französische Hybrid-Säckelblume (*Ceanothus × delilianus*) 'Gloire de Versailles' • Willmotts Hornnarbe (*Ceratostigma willmottianum*) • Echter Roseneibisch (*Hibiscus syriacus*) 'Oiseau Bleu' • Perowskie (*Perovskia*) 'Blue Spire' sind frostverträglicher als immergrüne Arten wie die Afrikanische Schmucklilie (*A. africanus*) 🏆. Schmucklilien sind hervorragend für die Kübelhaltung geeignet; überwintern Sie frostempfindliche Exemplare im Haus.

Rosa Blüten

Zwar ist die Farbe Rosa im Spätsommer längst nicht so reichlich vertreten wie im Frühsommer, doch auch jetzt warten etliche ausgezeichnete Stauden, Zwiebelpflanzen und Sträucher mit dieser Blütenfarbe auf. Die zurückhaltend elegante Sterndolde (*Astrantia*), die sich bereits in der ersten Sommerhälfte mit zahlreichen nadelkissenartigen Blütensternen schmückte, treibt bis zum Ende des Sommers immer wieder neue Knospen. Die Kaukasus-Sterndolde (*A. maxima*) 🏆 umgibt ihre winzigen rosa Blüten mit spitzen Hochblättern in kräftigerem Pink. Ihre Blütendolden stehen in Gruppen 60 cm hoch über dem mittelgrünen, tief handförmig geteilten Laub. Auch die nah verwandte Große Sterndolde (*A. major*) erreicht 60 cm Höhe; bei ihr umstehen rosaweiße Hochblätter die grünlichen oder rosig violetten Blüten (siehe Seiten 54 und 79). *A.*'Hadspen Blood' blüht kräftig rot, und *A. major* ssp. *involucrata* 'Shaggy' zeichnet sich durch deutlich verlängerte Hochblätter aus. Schön sind auch schlanke Blütenstände wie die der nordamerikanischen Prachtscharte (*Liatris*). Die Röhrenblüten dieser Stauden stehen häufig in körbchenförmigen Teilblütenständen dicht an der Achse beisammen und bilden zusammen einen traubigen Blütenstand. Ungewöhnlich ist die Abfolge, in der sich die Knospen öffnen, nämlich von oben nach unten. Die wilde Ährige Prachtscharte (*L. spicata*) (siehe Seite 83) blüht rosa bis violett, gelegentlich auch weiß; Kulturformen gibt es in Weiß, Violett sowie Blauviolett.

Auch die Gelenkblume (*Physostegia*) stammt aus Nordamerika; sie bevorzugt sonnige, frische Standorte. Der Trivialname verweist auf eine Besonderheit der traubigen Blütenstände, die sich dauerhaft in beliebige Richtung verbiegen lassen. *P. virginiana* trägt kurze, sich zur Spitze verjüngende Blütenkerzen in Weiß, zartem Fliederrosé oder kräftigem Violett; die herrliche Kultursorte 'Vivid' 🏆 blüht bläulich pink auf 60 cm hohem Stängel. An

21 | Sterndolde (*Astrantia*) 'Hadspen Blood'

22 | Roter Scheinsonnenhut (*Echinacea purpurea*) 'Rubinstern'

Löwenmäulchen (*Antirrhinum*) erinnern die Blüten der Leinkräuter (***Linaria***), die es in verschiedenen Farben gibt. Das Purpur-Leinkraut (***L. purpurea***) schmückt sich vom Frühsommer bis zum Frühherbst mit schlanken, purpurrosa Blütenständen; mit zartestem Rosa bezaubert die beliebte Gartensorte **'Canon Went'**. Sowohl Gelenkblumen als auch Leinkraut sind schöne Begleiter für Korbblütler; in einer Ton-in-Ton-Gestaltung bietet sich dazu der bis zu 100 cm hohe Rote Scheinsonnenhut (***Echinacea purpurea***) an, dessen igelartige goldbraune Blütenmitte von blaurosa Blütenblättern umkränzt ist. Eine von vielen ausgezeichneten Kultursorten ist **'Rubinstern'** 🏆 in kräftigem Pink bis Karminrot. Die Schildblume (***Chelone***) öffnet ebenfalls ihre rosa, weißen oder violetten, zweilippigen Blüten im Spätsommer. Das aufrecht 60 cm hoch stehende Miesmäulchen (***C. obliqua***) blüht kräftig rosa. Ein attraktiver Partner für Schildblume und Scheinsonnenhut ist die beliebte südamerikanische ***Verbena bonariensis*** 🏆. Vom Hochsommer bis in den Frühherbst trägt diese Staude fliederfarbene bis violette Blüten, die sich auf bis zu 150 cm hohen, drahtigen Stielen zu dichten, leicht gewölbten Blütenständen drängen (siehe Gute Pflanzpartner Seite 157).

Mit auffälligen rosa Blüten warten im Spätsommer auch einige Sträucher auf, mit denen Abwechslung und Höhe in großflächige Rabatten einziehen. Die Großblütige Abelie (***Abelia* × *grandiflora***) 🏆 und ihre Sorten blühen über einen sehr langen Zeitraum; im Herbst trumpfen sie zudem mit schönen Laubfarben auf. Der Roseneibisch (***Hibiscus***) blüht im Spätsommer wochenlang und bringt eine exotische Note in den Garten. Der Echte Roseneibisch (***H. syriacus***) **'Woodbridge'** 🏆 blüht in reinem, kräftigem Pink mit dunkler Mitte; eine Größe von 3 × 2 m ist bei einem älteren Exemplar nicht selten. Auch der Indigostrauch (***Indigofera***) entstammt exotischeren Gefilden. Der elegante Himalaya-Indigostrauch (***I. heterantha***) 🏆 beeindruckt vom Frühsommer bis zum Frühherbst mit kräftig rosavioletten Schmetterlingsblüten. Unübersehbar ist er im Staudenbeet, wo er späten violetten oder purpurroten Waldreben (***Clematis***) wie **'Etoile Violette'** 🏆 eine schöne Bühne bereitet.

23 | Echter Roseneibisch (*Hibiscus syriacus*) 'Woodbridge'

24 | Großblütige Abelie (*Abelia* × *grandiflora*)

Gute Pflanzpartner

Die auffälligen, kräftig pinkfarbenen oder violetten Röhrenblüten des Miesmäulchens (*Chelone obliqua*, A) wirken besonders attraktiv in Verbindung mit den helleren, fliederfarbenen Blütenständen von *Verbena bonariensis* (B).

A

B

Das aufragende, an Löwenmäulchen (*Antirrhinum*) erinnernde Purpur-Leinkraut (*Linaria purpurea*, C) ist ein schöner Kontrast zum Roten Scheinsonnenhut (*Echinacea purpurea*, D) mit seinen einzelnen purpurrosa Korbblüten (siehe auch Seite 85).

C

D

25

Weiße Blüten

Wem im Spätsommer der Sinn nach weißen Blüten steht, der wird nicht enttäuscht werden, denn zu dieser Zeit trumpfen einige große Schönheiten auf, darunter Sommerflieder (***Buddleja davidii***) und Hortensien (***Hydrangea***). Auch unter den Palmlilien (***Yucca***) finden sich herrliche Arten; die Kerzen-Palmlilie (***Y. gloriosa***) 🏆 und die Schlaffe Palmlilie (***Y. flaccida***) 'Ivory' 🏆 recken im Spätsommer ihre Blüten hoch über das dramatische, schwertförmige Laub.

Unter den Stauden prunkt das Schmalblättrige Weidenröschen (***Epilobium angustifolium***) **'Album'** mit weit geöffneten Blüten in hohen Trauben; besonders gut entwickelt sich die wanderlustige Staude, wenn ihr eine großzügige Rabatte den nötigen Raum bietet. Die attraktive nordamerikanische Weiße Natternwurz (***Ageratina altissima***) präsentiert vom Hochsommer bis in den Frühherbst flauschige, weiße Blütenteller. Der Kanadische Wiesenknopf (***Sanguisorba canadensis***) hebt seine fransigen Blütenstände 180 cm in die Höhe. Niedriger bleibt der bisweilen raumgreifende Schnee-Felberich (***Lysimachia clethroides***) 🏆; seine Blüten sind in gebogenen Trauben versammelt, was der Staude den weiteren Namen Entenschnabel-Felberich eingetragen hat. Die wesentlich zurückhaltendere ***L. ephemerum*** schmückt sich im Hochsommer mit schmalen, lockeren Blütentrauben auf 100 cm hohen Stängeln. Beide Felbericharten benötigen ständig frischen, humosen, durchlässigen Boden – Trockenheit wird ihnen zum Verhängnis.

25 | Schmalblättriges Weidenröschen (*Epilobium angustifolium*) 'Album'

Empfehlenswerte frostempfindliche rosa Zwiebelpflanzen für den Sommer Alpen-Zeitlose (*Colchicum alpinum*) • Hakenlilie (*Crinum × powellii*) • Prächtige Lilie (*Lilium speciosum*) • *Tritonia disticha* ssp. *rubrolucens* • Kaplilie (*Tulbaghia violacea*) • Kaplilie (*Tulbaghia violacea*) 'Silver Lace'

Pflanzenporträt

Salbei (*Salvia*)

Nahezu jedem dürfte der Echte Salbei (*Salvia officinalis*) als Küchen- und Heilkraut bekannt sein, doch er ist bei Weitem nicht das einzige Mitglied der Gattung *Salvia*, das sich für den Garten lohnt. Seine Verwandten warten mit Blüten in strahlendem Rot, Blau, Violett, Pink, Cremeweiß und Weiß auf. Darunter finden sich zahlreiche wertvolle Gartenpflanzen für ganz unterschiedliche Standorte – von der sonnigen Rabatte über halbschattige Gehölzsituationen bis hin zu natürlich anmutenden Blumenwiesen. Die über 900 Arten der Gattung umfassen Ein- und Zweijährige, einziehende Stauden, immer- oder sommergrüne Halbsträucher und Sträucher. Überwiegend handelt es sich um Sommer- und Herbstblüher, doch es gibt auch Salbeiarten, die ihre Knospen im Frühjahr oder sogar im Winter öffnen.
Laub und Stängel können behaart, flaumig oder silbrig sein, und das Laub vieler Arten enthält ätherische Öle. Während die Blattform variiert, zeichnen sich die Blüten durch eine charakteristische zweilippige Trichter- bis Glockenform aus. Die obere Lippe ist häufig helmartig aufgewölbt, während die untere, wenn sie nicht nur reduziert ausgebildet ist, sich dreilappig und flacher präsentiert. Die meisten Arten schmücken sich mit farbenprächtigen Blüten; manche unterstützen ihre Wirkung zusätzlich durch große, farbige Tragblätter. Bei manchen Arten stehen die Blüten relativ dicht beisammen, bei anderen sind die Blütenwirtel in deutlichem Abstand am Blütenstängel angeordnet. Winterharter Salbei gedeiht vorzugsweise auf mäßig nährstoffreichem, leichtem, frisch-humosem, durchlässigem Boden. Salbeiarten mit silbrigem oder ausgesprochen behaartem Laub verlangen nach voller Sonne und stark durchlässigem Boden sowie nach Schutz vor kaltem Wind und winterlicher Nässe. Einjähriger Salbei und als Sommerschmuck gezogene mehrjährige Arten wie der Pracht-Salbei (*S. splendens*) und seine Sorten beeindrucken in der Rabatte und im Kübel mit leuchtenden, klaren Blütenfarben. Frostempfindliche Arten und Sorten wie *S.* × *jamensis* 'La Luna', eine nicht winterharte Züchtung mit zartgelber Blüte, lassen sich gut im Topf halten. Der einjährige Schopf-Salbei (*S. viridis*) besticht mit rosa, violetten oder weißen Tragblättern; einige ausgezeichnete Zuchtformen mit besonders stark ausgefärbten Tragblättern ergeben hervorragendes Material für Trockensträuße.

Der Muskateller-Salbei (***S. sclarea*** **'Alba'**) (rechts) ist eine zweijährige Pflanze, die vom Frühling bis zum Sommer weiß blüht. Sie wird bis zu 100 cm hoch (siehe auch Seite 54).

Ebenfalls empfehlenswerter Salbei

S. argentea 🏆, der Silberblatt-Salbei, wächst zweijährig oder als kurzlebige Staude. Seine Hauptattraktion ist die filzig behaarte, auffallend silberne Blattrosette. Im Hoch- bis Spätsommer treibt er einen 90 cm hohen Stängel mit weißen bis hellrosa Blüten.

S. coerulea **'Blue Enigma'** 🏆 ist frostempfindlich und wächst als Halbstrauch oder Staude. Vom Spätsommer bis zum Spätherbst zeigen sich ihre duftenden, sattkönigsblauen Blüten mit auffällig grünem Kelch in traubigen Blütenständen auf 150 cm hohen Stängeln.

S. fulgens 🏆, der Kardinals-Salbei, wächst als verholzende Staude oder Halbstrauch. Unsere Winter übersteht er leider nicht im Freien. Im Sommer trägt er kurze, leuchtend rote Blütenstände auf 100 cm hohen Stängeln. Die untere Lippe der Blüte ist auffallend flaumig.

S. involucrata **'Bethellii'** 🏆 schmückt sich vom Spätsommer bis zur Herbstmitte mit kräftig blutroten Blüten an 150 cm hohen Stängeln. Das dunkelgrüne Blatt der frostempfindlichen Staude ist samtig behaart.

S. microphylla **var.** ***microphylla*** wächst als frostempfindlicher immergrüner Strauch oder verholzende Staude mit weichem grünem Blatt und kirschroter herbstlicher Blüte am 120 cm hohen Stängel.

S. patens 🏆, der Mexikanische Salbei, ist eine frostempfindliche Staude mit behaartem, mittelgrünem Laub; ihre traubig angeordneten Blüten in reinem Blau an maximal 60 cm hohen Stängeln öffnen sich vom Hochsommer bis zur Herbstmitte. Die Sorte 'Cambridge Blue' blüht heller als die Art.

Salvia pratensis **ssp.** ***haematodes*** 🏆 ist eine winterharte, kurzlebige Staude mit dunkelgrünen Blättern mit gewelltem Rand in einer grundständigen Rosette. Darüber stehen blauviolette Blüten mit hellerem Schlund und behaarter Oberlippe. Dieser Wiesen-Salbei blüht vom Früh- bis Hochsommer und wird 70 cm hoch.

S. uliginosa 🏆 ist ein sehr schutzbedürftiger ausdauernder Salbei, der vom Spätsommer bis zur Herbstmitte in klarem Hellblau blüht. Die kurzen Blütenstände stehen auf dünnen, verzweigten, bis zu 150 cm hohen Stielen. Dieser Salbei verlangt nach frischem Boden in voller Sonne.

A

S. lavandulifolia, der Spanische Salbei (A), wird in seiner Heimat als einziger Vertreter seiner Gattung in der Küche verwendet. Diese Staude trägt im Sommer blauviolette Blüten über silbrig graugrünem, filzigem Laub (siehe auch Seite 49).

S. farinacea **'Victoria'** 🏆 (B), eine Sorte des Mehligen Salbeis, wird gewöhnlich als Sommerblume gezogen. Die Staude hat weißliche Stängel mit mittelgrünem, glänzendem, lanzettlichem Laub und trägt vom Sommer bis zum Herbst dunkelblaue Blüten in dichten, langen, schmal zulaufenden Blütenständen von maximal 60 cm Höhe.

B

C

D

Der Steppen-Salbei (***S. nemorosa***) **'Mainacht'** 🏆 (C) ist eine aufrechte, verzweigt blühende Staude mit großen Blüten in dunklem Indigoblau. Die langen, schmal zulaufenden Blütenstände stehen bis 70 cm hoch und zeigen sich vom Frühsommer bis zum Hochsommer (siehe auch Seite 133).

S. nemorosa **'Ostfriesland'** 🏆 (D) bildet dichte Horste. Vom Sommer bis zum Herbst schmückt sich dieser ausdauernde Steppen-Salbei mit dicht besetzten, dunkelblauvioletten Blütenständen an 45 cm hohen, verzweigten, aufrechten Stängeln.

Herbst

Schwerer Fruchtbehang an Bäumen, Morgennebel über der Landschaft, Spinnweben in Hecken und Gräsern und der erste kalte Luftzug künden vom Ende des Sommers und dem Beginn der kühleren Jahreszeit. Während die Natur mit niedrigeren Temperaturen und kürzer werdenden Tagen den Herbst einläutet, schwelgen unsere Gärten in sanften Gelb-, Beige- und Brauntönen, immer wieder durchmischt mit überwältigendem Rot und Orange. Ewig kann dieses Schauspiel nicht andauern – genießen wir es, solange es geht.

Im Herbst putzen sich die Bäume zum flammenden Finale heraus, und fruchtbeladene Sträucher rücken in den Mittelpunkt. Für manche Stauden und Zwiebelpflanzen beginnt nun erst die Blütezeit, doch den größten Teil der Farbe steuern neben den verschiedenen Ziergräsern (siehe Seiten 178/179) die Spätsommerblüher bei, die bis weit in den Herbst neue Knospen treiben. Trotz des beginnenden Verfalls ist der Herbst die farbenfrohste Jahreszeit im Garten und in der Natur.

Herbstliches Rot

Rotschattierungen hält der Herbst viele bereit; unübertroffen ist das prächtige Herbstgewand des Rot-Ahorns (***Acer rubrum***) und seiner Sorten. Dieser Ahorn stammt aus dem östlichen Nordamerika und ist eine der Baumarten, denen die Neuenglandstaaten ihren atemberaubenden Indian Summer verdanken. Einige gute Sorten sind **'Schlesingeri'**, der sich schon früh im Herbst dunkelrot

färbt, **'Scanlon'** 🏆 mit orangerotem Herbstlaub sowie **'October Glory'** 🏆, dessen glänzendes Blatt im Frühherbst ein sattes Rot annimmt. Diese beeindruckenden Bäume können 15-20 m Höhe mit einem Kronendurchmesser von 5-10 m erreichen und sollten daher nur in einem entsprechend großen Garten gepflanzt werden.
Wesentlich kleiner bleiben der Fächer-Ahorn (*Acer palmatum*) und seine Kultursorten. **'Bloodgood'** 🏆 ist eine erlesene Sorte mit schönem, dunkelrotem, tief eingeschnittenem Laub, das sich im Herbst intensiv scharlachrot färbt. Der Baum wird selten größer als 5 × 5 m und eignet sich daher gut als Solitär für den kleineren Garten; Schutz vor kaltem Wind weiß er zu schätzen.
Ebenfalls elegant mit dunkelrotem Herbstlaub ist der Japanische Ahorn (*A. japonicum*) **'Vitifolium'** 🏆, ein eher ausladender Baum, der 10 × 10 m groß wird und große, fächerförmige Blätter trägt.
Die Ahorngattung hat jedoch die schöne rote Herbstfärbung nicht für sich allein gepachtet. Der Amerikanische Amberbaum (*Liquidambar styraciflua*), ein mit rund 25 × 12 m recht großer Baum, wartet im Herbst mit leuchtend rotem, orangem und violettem Laub auf; diverse Auslesen präsentieren weitere herbstliche Schattierungen. Am besten gedeiht der Amberbaum auf saurem bis neutralem Boden in voller Sonne, und hier nimmt er auch die schönste Farbe an. Sauren Boden verlangt auch die Scharlach-Eiche (*Quercus coccinea*). Diese ebenfalls nordamerikanische Art entwickelt eine rundliche Krone und erreicht etwa die gleiche Größe wie der Amberbaum. Ihr glänzend grünes Laub ist tief gelappt mit langen Spitzen und wird im Herbst scharlachrot. Die Herbstfärbung der Sorte **'Splendens'** 🏆 fällt noch dunkler und farbsatter aus als die der Art. Auch der Wald-Tupelobaum (*Nyssa sylvatica*) 🏆 kleidet sich in prächtige Rot-, Orange- und Goldtöne; er ist ein eleganter, großer Baum und wunderbar für einen weitläufigen Garten geeignet.
Die Eberesche oder Vogelbeere (*Sorbus aucuparia*) wird selten größer als 12 × 6 m und ist daher für den kleineren Garten geeignet. Erst nachdem ihre Früchte orangerot gereift sind, färbt sich auch das Laub rot oder gelb. Die Japanische Eberesche (*S. commixta*) bietet im Herbst einen besonders dramatischen Anblick, denn ihr bis zu 25 cm langes, fein gefiedertes Blatt färbt sich zunächst intensiv rot, um dann gelbe und violette Farbtöne anzunehmen; dazu trägt der Baum besonders reichen, leuchtend roten Fruchtschmuck. Etliche Zier-Äpfel (*Malus*) behängen sich ebenfalls üppig mit rot glänzendem Obst. Besonders ins Auge fällt die runde Frucht des Johannis-Apfels (*M. pumila*) **'Cowichan'**, ein etwa 4 cm großer Apfel in dunklem Violettrot; unübersehbar sind auch die kleineren, dunkelroten, rundlichen Früchte des Sibirischen Holz-Apfels (*M. × robusta*) **'Red Sentinel'** 🏆 und die leuchtend rotorangen, ovalen Äpfelchen von *M.* **'John Downie'** 🏆, die übrigens ein ausgezeichnetes Gelee ergeben.
Auch unter den Sträuchern finden sich Arten, die allein aufgrund ihrer roten Herbstfärbung lohnen. Das dunkelgrüne Laub des Flügel-Spindelstrauchs (*Euonymus alatus*) 🏆 nimmt im Herbst ein atemberaubendes strahlendes Dunkel- bis Scharlachrot an. Dieser dichte, buschige Spindelstrauch wird selten größer als 2 × 3 m – ganz anders als das Pfaffenhütchen (*E. europaeus*) **'Red Cascade'** 🏆, ein höherer, relativ ausladender Strauch oder kleiner Baum. Das herbstliche Rot seiner fein gekerbten Blätter bildet einen beeindruckenden Kontrast zu den bonbonrosa Früchten mit ihren leuchtend orangen Samen. Die leicht gewellten Blätter des Breitblättrigen Pfaffenhütchens (*E. latifolius*) färben sich im Spätherbst blutrot; dazu behängt sich

1 | Prächtig leuchtet das Herbstlaub des Japanischen Ahorns (*Acer japonicum*) 'Vitifolium'.

2 | Rot-Ahorn (*Acer rubrum*) 'Schlesingeri'

3

4

5

6

7

8

Rote Kletterpflanzen für den Herbst

Mit Genuss beobachten wir im Herbst, wie die Kletterpflanzen nach und nach ein prächtiges Farbenkleid anlegen - allen voran die Dreilappige Jungfernrebe (*Parthenocissus tricuspidata*) 🏆 (A) und die Gewöhnliche Jungfernrebe (*P. quinquefolia*) 🏆. Die Dreilappige Jungfernrebe, auch als Wilder Wein bekannt, ist in Ostasien (China, Japan, Korea) heimisch; ihre 20 cm breiten, tief eingeschnittenen, glänzend grünen Blätter färben sich im Herbst scharlachrot bis violett. Die Sorte 'Veitchii' wächst zurückhaltender als die Wildform und nimmt vor dem Laubfall ein düsteres Rotviolett an.

In strahlendem Rot präsentiert sich das Herbstlaub der Gewöhnliche Jungfernrebe (*P. quinquefolia*) 🏆. Das bis 12 cm breite Blatt mit dem gezähnten Rand ist tief fünffach gefingert. Noch faszinierender sind die Herbstfarben der Rostroten Rebe (*Vitis coignetiae*) 🏆 (B). Das 30 cm große, herzförmige Blatt ist dunkelgrün mit filziger Unterseite und zeigt eine aufgrund der ausgeprägten Nervatur interessant gerunzelte Oberseite. Überwältigend ist das herbstliche Orangerot dieses Rankers - besonders dann, wenn er seine volle Höhe von 15 m erreichen durfte. Zurückhaltender zeigt sich die maximal 7 m hohe Weinrebe (*V. vinifera*) 'Purpurea' 🏆 mit pflaumenrotem Laub, das sich im Herbst dunkelviolett färbt.

der in Süddeutschland heimische Strauch mit auffällig geflügelten, roten Früchten, aus denen die mit einem orangen Samenmantel umhüllten Samen hervorschauen. Dieses etwa 3 × 3 m groß werdende, schöne Pfaffenhütchen ist ideal für eine breite Gehölzrabatte.

Eine große Rabatte oder ein Waldgarten sind perfekt für die größeren Zwergmispeln (*Cotoneaster*), von denen etliche auffallende Früchte produzieren. Besonders attraktiv ist die Baum-Zwergmispel (*C. frigidus*) 'Cornubia' 🏆, ein halbimmergrüner Strauch, der dunkelgrünes Laub trägt und Unmengen blutroter Früchte in großen Trauben hervorbringt. Lässt man ihm seinen Willen, so erreicht er eine Größe von 6 × 6 m. Zwergmispeln sind zwar pflegeleicht, leider aber auch anfällig für den meldepflichtigen Feuerbrand. Mit dieser Einschränkung findet sich unter den zahlreichen verschiedenen Arten und Sorten jedoch für jeden Anspruch die richtige.

Auch die Berberitzen (*Berberis*) sind sehr anpassungsfähige Pflanzen; manche Sorten zeichnen sich durch eine schöne Herbstfärbung aus, so Thunbergs Berberitze (*B. thunbergii*) 'Dart's Red Lady', deren schwarzrotviolettes Laub sich im Herbst zu leuchtendem Rot aufhellt. Auch die Perückensträucher (*Cotinus*) warten mit ausgezeichneten Herbstfarben auf; das Laub des besonders dichten *C.* 'Grace' beispielsweise wird im Spätherbst durchscheinend rot (siehe auch Seiten 75 und 144).

Sehr willkommen sind im Spätsommer und Herbst die Fetthennen (*Sedum*) mit ihren dekorativen flachen Blütentellern; manche locken Bienen und Schmetterlinge an, so die Schöne Fetthenne

3 | Fächer-Ahorn (*Acer palmatum*) 'Bloodgood'

4 | Scharlach-Eiche (*Quercus coccinea*) 'Splendens'

5 | Amerikanischer Amberbaum (*Liquidambar styraciflua*)

6 | Wald-Tupelobaum (*Nyssa sylvatica*)

7 | Japanische Eberesche (*Sorbus commixta*)

8 | Zier-Apfel (*Malus*) 'John Downie'

(*S. spectabile*) 🏆. Ausgezeichnet ist auch die Purpur-Fetthenne (*S. telephium*) 'Atropurpureum' 🏆 mit schwarzviolettem Blatt und Stängel und rosarotem Blütenstand.
Von vollkommen anderem Format ist das feuchtigkeitsliebende, gewaltige Schildblatt (*Darmera peltata*) 🏆, das bis zu 1,5 m hoch werden kann. Im Herbst färben sich die ausladenden schildförmigen, gelappten, dunkelgrünen Blätter dieser Staude wie von Zauberhand leuchtend rot. Neben einem Teich oder Bachlauf wirkt sie überwältigend.

Blätter und Früchte in Orange

Neben den zahlreichen Gehölzen mit roter Herbstfärbung machen sich solche mit eindeutig orangem Herbstlaub geradezu rar. Das mittelgrüne Laub des Dreiblütigen Ahorns (*Acer triflorum*) 🏆 färbt sich im Herbst entschieden orange, und auch der Silber-Ahorn (*A. saccharinum*) leuchtet orange mit Andeutungen von Rot und Gelb. Der Dreiblütige Ahorn wird 10 × 8 m groß, der Silber-Ahorn 20 × 12 m.
Das spektakulärste herbstliche Orange finden wir wohl bei Sargents Eberesche (*Sorbus sargentiana*) 🏆, deren 35 cm langes, gefiedertes Blatt einen brillanten Orangeton annimmt. Diese Eberesche hat noch weitere schöne Attribute vorzuweisen, darunter auffällige, blutrote, klebrige Winterknospen. Der Baum erreicht eine Größe von 10 × 10 m und gedeiht am besten auf saurem bis neutralem Boden.
Auch bei den Früchten ist leuchtendes Orange weniger verbreitet als kräftiges Rot; überdies zeigt sich diese Farbe oft rot oder gelb schattiert. Bei den Zier-Äpfeln werden wir fündig: Mit dunklem Orangerot prunkt der Zier-Apfel *Malus* × zumi 'Professor Sprenger'; der Wollige Apfel (*M. tschonoskii*) 🏆 trägt gelblich grüne Äpfelchen mit roter Wange, und die Früchte von *M.* 'Butterball' sind orangegelb. Schöne Gartenpflanzen sind außerdem die Himalaya-Zwergmispel (*Cotoneaster simonsii*) 🏆, die im Herbst ovale, orange Früchte trägt, und die Feuerdornsorten *Pyracantha* 'Golden Charmer' 🏆 und 'Golden Dome' 🏆 mit orangeroten bzw. orangegelben Früchten.

9 | Perückenstrauch (*Cotinus*) 'Grace'

10 | Purpur-Fetthenne (*Sedum telephium*) 'Atropurpureum'

Empfehlenswerte Bäume mit Herbstlaub in Rot, Gelb oder Orange Wein-Ahorn (*Acer circinatum*) • Gelbe Rosskastanie (*Aesculus flava*) • Katsurabaum (*Cercidiphyllum japonicum*) • Parrotie (*Parrotia persica*) • Essigbaum (*Rhus typhina*) 'Dissecta' • *Sorbus* 'Joseph Rock' • Japanische Zelkove (*Zelkova serrata*)

So attraktiv die genannten Beispiele auch sind – mit den Fruchtständen der beliebten Lampionblume (*Physalis alkekengi*) 🏆 können sie es kaum aufnehmen. Die orangen bis roten Beeren dieser leicht wuchernden Staude sind von den auffällig vergrößerten Kelchblättern wie von einer papierenen, orangeroten Hülle umgeben und machen die allseits bekannte Bauerngartenpflanze zu einem exzellenten Kandidaten für das Herbstbeet (siehe Gute Pflanzpartner Seite 168 sowie Seite 37).

11 | Sargents Eberesche (*Sorbus sargentiana*)

12 | *Malus* × *zumi* 'Professor Sprenger'

13 | Feuerdorn (*Pyracantha*) 'Golden Charmer'

14 | Lampionblume (*Physalis alkekengi*)

Gute Pflanzpartner

Das leuchtende Orange der Beeren und Kelchblätter der Lampionblume (*Physalis alkekengi*) 🏆 (A) ist eine perfekte Ergänzung zur rotlaubigen Purpur-Fetthenne (*Sedum telephium*) 'Herbstfreude' 🏆 (B) und zur Ruten-Hirse (*Panicum virgatum*) 'Heavy Metal' (C) mit im Herbst violettgrünen Blütenständen (siehe auch Seite 177).

Pink blühende Japanische Herbst-Anemonen (*Anemone hupehensis* var. *japonica*) wie 'Prinz Heinrich' (D) passen gut zu den dunkellaubigen Oktober-Silberkerzen (*Cimicifuga simplex*) Atropurpurea Grp. mit ihren schmalen, weißen Blütenständen (E).

Goldgelber Herbst

Wunderschönes Gelb erwartet uns im Herbst in Gestalt von Blättern, Beeren, Früchten und Blüten. Darüber hinaus nehmen nun bei etlichen Ziergräsern die reifenden Ährchen gelbe Schattierungen an (siehe Seiten 176/177).

Besonders prachtvolles gelbes Herbstlaub präsentieren uns der Kolchische Ahorn (*Acer cappadocicum*) sowie der Ginkgo (*Ginkgo biloba*) 🏆. Der ausladende Ahorn wächst zu einer Größe von 15 × 20 m heran; sein breit-ovales, hellgrünes Laub färbt sich leuchtend gelb, bevor es abgeworfen wird. Bis zu 12 cm breit ist das dekorativ fächerförmige, mittelgrüne Blatt des Ginkgos; es nimmt im Herbst ein herrliches Goldgelb an. Der Ginkgo wächst während seines etwa 30 Jahre andauernden Jugendstadiums als lichter, schmaler Baum; erst später bildet er eine dichte, runde Krone aus. Er ist ein hervorragender Parkbaum.

Mit sehr schönen gelben Früchten schmückt sich im Herbst die Weidenblättrige Zwergmispel (*Cotoneaster salicifolius*) 'Rothschildiana' 🏆, ein immergrüner Großstrauch mit schmal-lanzettlichem, mittelgrünem Laub, der 5 × 5 m groß wird. Wochenlang ist er mit dichten Trauben kugelrunder, goldgelber Früchte behängt. Die laubabwerfende Baum-Zwergmispel (*C. frigidus*) 'Fructu luteo' trägt buttergelbe Früchte zu stumpfgrünem Laub mit gewelltem Rand. Dieser raumgreifende Strauch kann 10 × 10 m groß werden.

Wesentlich weniger Platz beansprucht der Gewöhnliche Schneeball (*Viburnum opulus*) 'Xanthocarpum' 🏆, auch wenn diese schöne Auslese recht wüchsig ist. Das attraktive Laub erinnert an Ahornblätter; im Herbst behängt sich der Strauch mit fleischigen, schimmernden, gelben Steinfrüchten. An kleine goldene Eier erinnern die Früchte des

15 | Kolchischer Ahorn (*Acer cappadocicum*)

16 | Ginkgo (*Ginkgo biloba*)

17 | *Malus* × *zumi* 'Golden Hornet'

18 | Weidenblättrige Zwergmispel (*Cotoneaster salicifolius*) 'Rothschildianus'

15

16

17

18

Zier-Apfels ***Malus*** × ***zumi*** **'Golden Hornet'** 🏆. Sie leuchten im Herbstgarten noch wochenlang, nachdem das letzte Blatt vom Baum gefallen ist. Dieser Zier-Apfel entwickelt sich zu etwa 10 × 8 m Größe.
Ausgezeichnete Solitärgehölze sind die verschiedenen Sorten und Arten der Zaubernuss (***Hamamelis***) mit dekorativen spinnenbeinigen Blüten, die sich am kahlen Wintergeäst öffnen und den ganzen Garten parfümieren. Die wilde ***H. virginiana*** ist zwar nicht die farbenprächtigste unter ihnen, doch sie beginnt bereits zu blühen, sobald sich im Herbst ihr Laub gelb färbt. Dieser relativ langsam wachsende Strauch wirkt unbeschnitten am schönsten (siehe auch Seiten 186, 187 und 189).
Die hübschen Blüten des Gelben Goldkrokus (***Sternbergia lutea***) erscheinen im Herbst zur selben Zeit wie sein riemenförmiges, glänzend dunkelgrünes Laub. Die kräftig dottergelben Blütenkelche stehen rund 10 cm hoch. Diese bezaubernde Zwiebelpflanze ist perfekt für einen sonnigen Steingarten oder bei durchlässigem, mäßig fruchtbarem Boden für den Beetrand, benötigt aber, abgesehen von warmen Lagen, einen guten Winterschutz.

Blau und Violett

Bis in den Herbst hinein reicht die spätsommerliche Blüte von Sträuchern und Halbsträuchern wie der Perowskie (***Perovskia***) **'Blue Spire'** 🏆, der Clandon-Bartblume (***Caryopteris*** × ***clandonensis***) **'First Choice'** 🏆 und Willmotts Hornnarbe (***Ceratostigma willmottianum***) 🏆; auch blaue und violette Stauden wie der Mexikanische Salbei (***Salvia patens***) 🏆, die verwandte ***S. uliginosa*** 🏆 sowie Frikarts Aster (***Aster*** × ***frikartii***) **'Mönch'** 🏆 blühen bis weit in den Herbst hinein. Manche andere Pflanze jedoch beginnt überhaupt erst jetzt, ihre Knospen zu öffnen. Die Säckelblume (***Ceanothus***) **'Autumnal Blue'** 🏆, ein immergrüner, etwas frostempfindlicher Strauch aus Kalifornien, ist im Herbst mit kräftig himmelblauen Blüten übersät, die sich wunderbar gegen das glänzende mittelgrüne Laub absetzen; ausgewachsen erreicht der Strauch eine Höhe von 10 m.
Eine besonders wertvolle Staude für den Frühherbst ist der Chinesische Eisenhut (***Aconitum carmichaelii***). Hoch über dem ledrigen, dunkelgrünen, tief eingeschnittenen Laub stehen seine blauen bis violetten, helmartigen Blüten in bis zu 60 cm hohen, aufrechten Rispen. Von diesem Eisenhut existieren einige sehr attraktive Kulturformen, etwa **'Arendsii'** 🏆 mit azurblauen Blüten in verzweigten Blütenständen, und die lavendelblaue Sorte **'Kelmscott'** 🏆. Eisenhut bevorzugt frischen, nährstoffreichen Boden und Halbschatten.
Auch die Horstbildende Liriope (***Liriope muscari***) 🏆, eine immergrüne, bei uns im Herbst blühende Staude aus China und Japan bevorzugt Schatten; allerdings verlangt sie nach leichtem, mäßig nährstoffreichem, saurem bis neutralem Boden. Ihr glänzend dunkelgrünes, 30 cm langes, linealisches Laub steht in einem dichten Horst beisammen; daraus ragen 30 cm hohe Blütenstängel mit kurzen, dicken Ähren winziger, runder, fliederblauer bis violetter Blüten auf. Die Horstbildende Liriope ist ein hervorragender Bodendecker unter Sträuchern und Bäumen. Die Blüten sind sehr langlebig, und in größeren Gruppen angepflanzt entwickeln die Pflanzen eine wunderbare Flächenwirkung.
Im Herbst läuft auch die Schönfrucht (***Callicarpa bodinieri*** **var.** ***giraldii***) **'Profusion'** zur Höchstform auf: Nun schmückt sich der Strauch mit zahllosen Fruchtperlen in ungewöhnlichem Violett, und man versteht, warum er auch »Liebesperlenstrauch« genannt wird. Auf einmal ist das Gehölz, das bislang mit seinem stumpfgrünen Laub und den kleinen, rosa Sommerblüten eher nichtssagend wirkte, wie verwandelt. Auf gutem, nährstoffreichem, durchlässigem Boden gedeiht die Schönfrucht problemlos in Sonne oder Halbschatten und kann eine Größe von 3 × 2,5 m erreichen.
Unübersehbar sind die Enziane mit ihren großen Blüten in diversen schönen Dunkelblautönen, durch die sich fast alle Mitglieder der Gattung *Gen-*

---

19 | Schönfrucht (*Callicarpa bodinieri* var. *giraldii*) 'Profusion'

20 | Clandon-Bartblume (*Caryopteris* × *clandonensis*) 'First Choice'

21 | Frikarts Aster (*Aster* × *frikartii*) 'Mönch'

22 | Willmotts Hornnarbe (*Ceratostigma willmottianum*)

23 | Chinesischer Eisenhut (*Aconitum carmichaelii*)

Weitere empfehlenswerte Beerensträucher für den Herbst Weidenblättrige Zwergmispel (*Cotoneaster salicifolius*) 'Exburyensis' • Kahle Steife Scheinbeere (*Gaultheria mucronata*) • Sanddorn (*Hippophae rhamnoides*) • Kartoffel-Rose (*Rosa rugosa*) • Japanische Eberesche (*Sorbus commixta*) 'Embley' • Gewöhnlicher Schneeball (*Viburnum opulus*)

19

20

21

22

23

tiana auszeichnen. Der Chinesische Herbst-Enzian (***G. sino-ornata***) 🏆 trägt Trompetenblüten mit dunkelblauem Rand, kräftig violettblau gestreiftem Schlund und grünlich cremefarben gezeichneter Außenseite. Die Blüten stehen an 7 cm langen Stielen zwischen dem schmalen, dunkelgrünen Laub. Der Kaukasus-Enzian (***G. septemfida*** **var.** ***lagodechiana***) 🏆 blüht ebenfalls im Herbst; er trägt seine glockenförmigen, hellblauen bis blauvioletten Blüten an 15–20 cm langen belaubten Trieben. Die Blüte ist dunkelblau gezeichnet und hat einen weißen Schlund. Enzian kann heikel sein: Die meisten Arten verlangen nach durchlässigem, kalkfreiem Boden, der nie austrocknen darf. Wie die meisten seiner Verwandten will auch der Chinesische Herbst-Enzian vor der Mittags- und Nachmittagssonne geschützt stehen, während der Kaukasus-Enzian einen sonnigen Standort bevorzugt.

Blaue Zwiebelpflanzen für den Herbst finden wir unter den Krokussen (***Crocus***). Die herbstblühenden Krokusse öffnen ihre Knospen erst dann, wenn Regen für die nötige Feuchtigkeit gesorgt hat. ***C. speciosus*** 🏆, der gut im Rasen verwildert, und ***C. pulchellus*** 🏆 blühen fliederblau bzw. eisblau mit schön geaderten Blütenblättern. Der Echte Safran (***C. sativus***) blüht fliederfarben mit dunkelvioletten Adern; da er keinen Samen ansetzt, kann er nur durch Teilung vermehrt werden.

Weiße Herbstschönheiten

Weiß wird normalerweise nicht mit dem Herbst assoziiert, doch das heißt nicht, dass wir zu dieser Jahreszeit keines antreffen. Sowohl die Himalaya-Eberesche (***Sorbus cashmiriana***) 🏆 als auch Pratts Eberesche (***S. prattii***) schmücken sich mit runden, weißen Früchten, und auch die Gewöhnliche Schneebeere (***Symphoricarpos albus***) – bei Kindern als »Knallerbse« beliebt – ist nun mit prallen weißen Beeren beladen. Dieser Strauch, der über Ausläufer ein regelrechtes Dickicht bildet, ist eher für den naturnahen Garten geeignet. Er ist extrem unempfindlich und toleriert selbst miserablen Boden, doch anders als seine kompakteren, zierlicheren Verwandten zieht er nicht gerade sämtliche Blicke auf sich.

Wunderbar wirken die wachsartigen Blütenschalen der herbstblühenden Sasquana-Kamelie (***Camellia sasanqua***) zu dem glänzenden, dunkelgrünen Kamelienlaub. Weiß mit rosa Schimmer sind die attraktiven, 4 cm großen, einfachen Blüten der duftenden Sorte **'Narumigata'** 🏆. Generell verlangen Kamelien nach frischem, humosem, saurem Boden und einem windgeschützten Standort. Im Gegensatz zu ihren Verwandten verträgt *C. sasanqua* auch einen sonnigen Standort, wenn sie etabliert ist. In kälteren Regionen ist diese Kamelie eine sehr empfehlenswerte Kübelpflanze.

Weitere empfehlenswerte Herbstblüher Aster (*Aster*) 'Coombe Fishacre' • *Colchicum* × *byzantinum* • Fuchsie (*Fuchsia*) 'Mrs Popple' • Himalaya-Indigostrauch (*Indigofera heterantha*) • Fackellilie (*Kniphofia*) 'Prince Igor' • *Salvia uliginosa* • Kaffernlilie (*Schizostylis coccinea*) 'Major'

Ebenso liebreizend, dabei jedoch weit weniger anspruchsvoll sind die Japanischen Herbst-Anemonen (*Anemone hupehensis* var. *japonica*), deren Blüte im Spätsommer und Herbst über einen ausgesprochen langen Zeitraum anhält. Unübertroffen sind die 9 cm großen, einfachen weißen Blüten von 'Honorine Jobert' 🏆, die sich auf schwankenden, 100 cm hohen Stielen über das mittelgrüne, grundständige Laub erheben. Neben weißen Japanischen Herbst-Anemonen gibt es auch solche mit pinkfarbener Blüte (siehe Seite 174).

24 | Himalaya-Eberesche (*Sorbus cashmiriana*)

25 | Gewöhnliche Schneebeere (*Symphoricarpos albus*)

26 | Sasquana-Kamelie (*Camellia sasanqua*) 'Narumigata'

27 | Japanische Herbst-Anemone (*Anemone hupehensis* var. *japonica*) 'Honorine Jobert'

28

Herbstliches Rosa

Für Rosa und Pink sorgen im Herbst in erster Linie die Stauden und Zwiebelpflanzen. Hunderte Sorten Chrysanthemen (*Chrysanthemum*) und Astern (*Aster*) in sämtlichen erdenklichen Rosaschattierungen tragen dazu bei; um eine geeignete Auswahl zu treffen, empfiehlt sich der Besuch einer darauf spezialisierten Gärtnerei. Als empfehlenswerte Sorte sei *Aster novae-angliae* 'Pink Victor' genannt, eine robuste, horstig wachsende Raublatt-Aster, die vom Spätsommer bis zur Herbstmitte ihre Blütensträuße mit rosa Zungenblüten und gelber Mitte hervorbringt.

Auch unter den herbstblühenden Anemonen (*Anemone*) finden sich Auslesen mit einfachen, halbgefüllten und gefüllten Blüten von Zartrosa bis hin zu dunklem Pink. Die Japanische Herbst-Anemone (*A. hupehensis* var. *japonica*) 'Prinz Heinrich' 🏆 und die Herbst-Anemone (*A. hupehensis*) 'Hadspen Abundance' 🏆 sind Sorten mit einfachen Blüten in kräftigem Pink. *A. hupehensis* var. *japonica* 'Königin Charlotte' 🏆 blüht hellrosa und halbgefüllt, während *A. hupehensis* 'September Charm' 🏆 einfache, hellrosa Blüten trägt. Diese Herbst-Anemonen werden zwischen 60 und 100 cm hoch (siehe auch Gute Pflanzpartner Seite 168).

Das Stichwort »Zwiebelpflanze« lässt uns automatisch an den Frühling denken, und doch finden sich in dieser Pflanzengruppe auch Herbstschönheiten, darunter einige mit rosa Blüten. Aus Südafrika stammen die Nerinen (*Nerine*); ihre lilienartigen Blüten mit dem gewellten Rand erscheinen im Herbst zeitgleich mit dem riemenförmigen Laub oder sogar noch davor. *N. bowdenii* 🏆 trägt an jedem 45 cm hohen Stängel mehrere exotische, offene Trichterblüten in Neonpink; sie ist weniger frostempfindlich als die meisten anderen Arten der Gattung. In durchlässigem Boden vor einer warmen, sonnigen Mauer gedeiht sie am besten; wer die Zwiebeln für den Winter nicht aufnehmen will, zieht sie im Kübel.

Auch die dekorative Belladonnenlilie (*Amaryllis bella-donna*) 🏆 stammt aus Südafrika und öffnet ihre ansprechenden lilienartigen Blüten im Herbst. Sechs oder mehr der duftenden, meist kräftig rosa gefärbten Blütentrichter stehen zusammen an einem kräftigen, aufrechten, 60 cm hohen Stängel. Die Belladonnenlilie gedeiht gut vor einer warmen Wand und bevorzugt mäßig nährstoffreichen, durchlässigen Boden. Sie muss warm überwintert werden, denn Temperaturen unter -5 °C toleriert sie nicht.

Die überwiegende Zahl der Zeitlosen (*Colchicum*) blüht im Herbst, doch es gibt auch Arten, die sich im Spätsommer, Winter oder Frühjahr zeigen. Ihre Blüten ähneln denen der Krokusse (*Crocus*), sind jedoch meist höher und rosa, fliederfarben oder weiß gefärbt; die meisten Arten sind zur Blütezeit blattlos. *C. speciosum* treibt malvenrosa Blütenkelche mit gelben Staubgefäßen. Es gibt von dieser Art auch eine schöne weiße Sorte, ebenso von der Herbst-Zeitlosen (*C. autumnale*), die von Natur aus lavendelrosa Blütenkelche treibt. *C.* 'Waterlily' 🏆 blüht rosig fliederfarben und gefüllt. All diese Zeitlosen verlangen nach voller Sonne. Manche lassen sich erfolgreich in der Wiese ansiedeln.

---

28 | Raublatt-Aster (*Aster novae-angliae*) 'Pink Victor'

29 | *Nerine bowdenii*

30 | Belladonnenlilie (*Amaryllis bella-donna*)

31 | Japanische Herbst-Anemone (*Anemone hupehensis* var. *japonica*) 'Prinz Heinrich'

32 | Herbst-Zeitlose (*Colchicum autumnale*)

29

30

31

32

Ziergräser

Gräser begleiten uns, wohin wir sehen, doch erst in jüngster Zeit sind sie zu unerlässlichen Gartenpflanzen avanciert. Im Garten schätzen wir neben ihrer Unkompliziertheit und Verlässlichkeit vor allem ihre lang andauernde Schmuckwirkung.

Diese grundsätzlich eleganten Pflanzen bringen Schwung ins Beet. Mit ihren subtilen Blatt- und Blütenfarben fügen sie sich problemlos in jede Gestaltung ein; am allerschönsten wirken sie neben Stauden, die im Spätsommer und Herbst blühen. Die Korbblüten von Scheinsonnenhut (*Echinacea*), Sonnenbraut (*Helenium*) und Sonnenhut (*Rudbeckia*) sind eine attraktive Ergänzung zu Gräsern; ebenso perfekt ist eine Kombination mit Stauden, die große, flache Blütenstände auf kräftigen Stängeln tragen, beispielsweise Wasserdost (*Eupatorium*), Schafgarbe (*Achillea*), Fetthenne (*Sedum*) und Eisenkraut (*Verbena*). Andere passende Begleiter sind die kompakteren runden Blüten von Sterndolde (*Astrantia*), Wiesenknopf (*Sanguisorba*) und Witwenblume (*Knautia*), die farbige Tupfer zwischen das farblich eher neutrale Laub der Gräser setzen.

Die meisten Ziergräser gedeihen gut an einem offenen, sonnigen Platz auf durchschnittlichem Gartenboden. Für sehr trockene Standorte gibt es einige ausgezeichnete blaugrüne Arten und Sorten, etwa den Blau-Schwingel (*Festuca glauca*) 'Elijah Blue'; ausgesprochen feuchte Bedingungen tolerieren etliche Seggen (*Carex*) und Binsen (*Juncus*). Seggen vertragen außerdem leichten Schatten.

Das Silber-Chinaschilf (***Miscanthus sinensis***) **'Morning Light'** 🏆 (A) ist ein horstbildendes, sommergrünes Gras, dessen frühherbstliche Blütenstände aus flaumigen, hellgrauen bis rosigen Ährchen bestehen und auf 120 cm hohen Halmen stehen. Sein schmales, anmutig übergeneigtes Laub ist cremefarben gesäumt (siehe auch Seite 83).

Die straff aufrecht wachsende Ruten-Hirse (***Panicum virgatum***) **'Heavy Metal'** (B) hat 60 cm hohes, metallisch blaugraues Laub, das bei uns seine gelbe Herbstfärbung leider nicht entwickelt. Ihre auf 100 cm hohem Halm stehenden, lockeren, bis 50 cm langen Blütenrispen tragen im Herbst winzige violettgrüne Ährchen (siehe Gute Pflanzpartner Seite 168).

Nassella tenuissima, das Mexikanische Fiedergras (C), treibt im Frühjahr einen dichten, aufrechten Tuff hellgrüner Blätter. Den ganzen Sommer hindurch schmückt es sich mit feinfiedrigen, grünlich weißen Blütenährchen an 60 cm hohen Halmen; im Herbst färben sich die Samenstände herrlich strohgelb (siehe auch Seite 28).

Das Gartensandrohr oder Garten-Reitgras (***Calamagrostis × acutiflora***) **'Overdam'** (D) ist ein beeindruckendes, langlebiges, einziehendes Gras mit mittelgrünem, cremefarben gesäumtem Laub, das im Herbst pink mit weißer Schattierung wird. Dazu passend erscheinen in der zweiten Sommerhälfte lichte, rosig braune Blütenstände. Die Samenstände bleiben bis weit in den Winter hinein erhalten.

Das Chinaschilf (***Miscanthus***) **'Yakushima Dwarf'** (E) wächst als dichter, bis 100 cm hoher Horst und ist ideal für den vorderen Rabattenbereich. Das Laub ist blassgrün mit weißem Mittelstreifen. Aus dem Horst entspringen vom Spätsommer an Halme mit kleinen, pinselartigen, flauschigen, rosig beige gefärbten Blütenständen, die später silbrig verbleichen und bis weit in den Winter an der Pflanze verbleiben.

Ebenfalls empfehlenswerte Gräser

Das Mittlere Zittergras (***Briza media***) ist eine kurzlebige Staude mit blaugrünem Laub und zarten, violett-grünen, herzförmigen Ährchen, die in der leichtesten Brise tanzen und sich auf den 60–90 cm hohen Halmen später rehbraun verfärben.

Die immergrüne Fuchsrote Segge (***Carex buchananii***) 🏆 trägt weit übergebogenes, kupferfarbenes Laub, das an der Spitze charakteristisch gelockt ist. Im Hochsommer erscheinen 3 cm lange braune Blütenstände an 50 cm langen gebogenen Halmen und bleiben bis zum Spätsommer.

Die wintergrüne Rasen-Schmiele (***Deschampsia cespitosa***) **'Goldschleier'** schmückt sich im Sommer mit überhängenden, duftigen Blütenständen, die zunächst hellgelb, später goldgelb gefärbt sind. Sie erheben sich über einem niedrigen, dichten Horst dunkelgrüner, schmaler Blätter.

Das im Winter einziehende Blaue Pfeifengras (***Molinia caerulea***) **'Moorflamme'** zeigt mittelgrünes Laub, das im Herbst einen purpurnen Schimmer annimmt. Es schmückt sich im Sommer mit schmalen, dicht besetzten Blütenständen auf 45 cm hohen Halmen. Die dunkelvioletten Ährchen färben sich im Winter orange.

A
B
C
D
E

1

Winter

So kalt und eisig der Winter auch sein kann – viel zu oft reiht sich lediglich ein trüber, grauer Tag voller Wind und Regen an den anderen. Bei einer derart unattraktiven Aussicht ist man schnell versucht, sich bis zum ersten Frühlingsgrün ins Haus zurückzuziehen. Wer dem jedoch nachgibt, der merkt gar nicht, welche Freude der Garten auch im Winter bereiten kann.

Soll der Garten im Winter attraktiv sein, so benötigt er eine architektonische Grundstruktur, ergänzt durch immergrüne Bäume, Hecken und Sträucher. Vorherrschend ist in dieser Jahreszeit das Dunkelgrün des immergrünen Laubs, doch daneben finden sich noch viele andere schöne Farben. Bäume und Sträucher warten mit schwarzer, brauner, grauer, silbriger und weißer Rinde auf, das lange anhaftende Herbstlaub von Rot-Buche (***Fagus sylvatica***) und Hainbuche (***Carpinus betulus***) leuchtet rostrot und kupfrig braun, und manche Sträucher wie etwa die Mahonie (***Mahonia***) lassen Blüten in hellem Gelb erstrahlen (siehe Seite 186). Diverse trockene Staudengerippe steuern Beige, Rehbraun und fahles Gelb bei. Auch kräftigere Töne finden sich zu dieser Zeit: Schneeball (***Viburnum***), Nieswurz (***Helleborus***), Kirschen (***Prunus***) und Alpenveilchen (***Cyclamen***) blühen rosa und violett, und verschiedene Arten und Sorten der Zaubernuss (***Hamamelis***) öffnen gelbe, orange oder rote Blüten (siehe Seiten 186, 187 und 189). Manche Weiden (***Salix***) und Hartriegel (***Cornus***) beeindruckten mit leuchtend roten oder goldgelben Wintertrieben (siehe Seite 191), und die Tangutische Himbeere (***Rubus cockburnianus***) prunkt mit kreideweißen Trieben (siehe Seite 183). Aufgrund der Klimaveränderung blühen außerdem inzwischen etliche Pflanzen im Winter, die sich früher bereits im Spätsommer oder Herbst auf die kalte Jahreszeit vorbereiteten oder aber erst im Frühjahr zu blühen begannen.

Der kleine Garten

Ein kleiner Garten bietet selten genügend Raum für mehrere große immergrüne Sträucher, Bäume oder Hecken. Als Lösung bietet sich an, solche zu pflanzen, die relativ wenig Platz beanspruchen, oder aber kleine Immergrüne im Kübel zu ziehen. Zu den edelsten Kübelpflanzen zählen in Form geschnittener Europäischer Buchs (*Buxus sempervirens*) 🏆 und Stechpalmen (*Ilex*) wie die Chinesische Stechpalme (*I. cornuta*) oder die interessant stachelige, buntblättrige Gewöhnliche Stechpalme (*I. aquifolium*) 'Ferox Argentea' 🏆 (siehe auch Seite 87). Unfehlbar in seiner eleganten Wirkung ist ein Baumtor: Flankieren Sie dazu einen Weg oder eine Treppe mit zwei schlanken Wacholdern (*Juniperus*), beispielsweise dem Felsengebirgs-Wacholder (*J. scopulorum*) 'Skyrocket', der sich durch flach an den Zweigen anliegende, graugrüne, spitz zulaufende Blätter auszeichnet und zu einem hohen, bleistiftschmalen Baum heranwächst. Langsam erreicht er eine Höhe von 5 m, ohne jemals 50–60 cm Durchmesser zu überschreiten.

Fleischbeeren (*Sarcococca*) sind ebenfalls ausgezeichnet für den kleinen Garten geeignet. Die Sträucher dieser Gattung gedeihen gut an absonnigen Plätzen – selbst ein trockener Standort im Schatten macht ihnen nichts aus. Mit ihren blütenblattlosen, kleinen, lieblich duftenden Blüten sind Fleischbeeren ein schöner Winterschmuck. Die dunkelgrün belaubte *S. confusa* 🏆 trägt duftende, weiße Blüten, aus denen später schwarze Früchte entstehen. Sie wächst als kleiner, kompakter Strauch. Die verwandte breitwüchsige Niedere Himalaya-Schleim-

2

3

4

5

1 | **Aus dem gestreiften Laub von *Carex oshimensis* 'Evergold' ragen die korallenroten Triebe des Tatarischen Hartriegels (*Cornus alba*) 'Sibirica' heraus.**

2 | **Das Licht der tief stehenden Wintersonne lässt das kupfrige Herbstlaub der Buchenhecke (*Fagus*) aufleuchten. Erst im Frühjahr werfen die Sträucher das alte Laub ab.**

3 | **Chinesische Stechpalme (*Ilex cornuta*)**

4 | **Gewöhnliche Stechpalme (*Ilex aquifolium*) 'Ferox Argentea'**

5 | **Fleischbeere (*Sarcococca hookeriana* var. *digyna*) 'Purple Stem'**

Gute Pflanzpartner

Die rosig blühende Fleischbeere (*Sarcococca hookeriana* var. *digyna*) 'Purple Stem' (A) passt gut zu purpurfarbenen Nieswurzhybriden (*Helleborus, B*). Später nehmen passende Tulpen (*Tulipa*) wie 'Attila' (C) die rotviolette Farbe der Triebe auf.

beere (*S. hookeriana* var. *humilis*) erweist sich als guter Bodendecker, denn bei maximal 60 cm Höhe nimmt sie eine Fläche von mehr als einem Quadratmeter ein. Ihr Laub ist dunkelgrün; auf die duftenden, rosa schimmernden weißen Blüten folgen blauschwarze Früchte. Für einen Stadtgarten, der nie die Sonne sieht, ist dieses kleine, schattenverträgliche Gehölz ideal. *S. hookeriana* var. *digyna* 🏆 (siehe Seite 64) wächst aufrechter; sie erreicht 1,5 m Höhe und kombiniert ihr schmales, dunkelgrünes Laub mit weißen, rosa überhauchten Blüten, aus denen sich schöne blauschwarze Früchte entwickeln. Die Auslese *S. hookeriana* var. *digyna* 'Purple Stem' zeichnet sich durch rotviolette junge Triebe und rosige Blüten aus (siehe Gute Pflanzpartner oben).

Buntlaubige Sträucher

Panaschierte immergrüne Sträucher leisten einen immensen Beitrag zum winterlichen Garten; allerdings sollte man nicht zu viele davon auf engem Raum pflanzen. Von den zahlreichen buntblättrigen Stechpalmen (*Ilex*) ist besonders die Gewöhnliche Stechpalme (*I. aquifolium*) 'Handsworth New Silver' 🏆 hervorzuheben. Diese weibliche Auslese zeichnet sich vor allem durch ihr glänzendes, mittelgrünes Laub mit klar abgegrenztem cremefarbenem Rand aus. Das stachelige Blatt sitzt an dunkelvioletten Trieben; dazu gesellen sich Steinfrüchte in leuchtendem Blutrot. Diese Stechpalme wächst zu einem großen, dichten, aufrechten Busch heran. Die immergrüne Stachelblütige Duftblüte (*Osmanthus heterophyllus*) 'Aureomarginatus' sieht mit ihrem stachligen, dunkelgrünen, leuchtend gelb gesäumten Blatt der eben genannten Stechpalme ausgesprochen ähnlich. Auch sie ist ein herrlicher Winterschmuck. Aus den im Spätsommer erscheinenden duftenden, weißen Röhrenblüten entwickeln sich zum Herbst schwarze Früchte. Der im Alter etwa 2 × 2 m große Strauch fühlt sich in der Sonne wie im Halbschatten gleichermaßen wohl. Das gut schnittverträgliche Gehölz ist ebenso für eine Hecke wie für Formschnitt geeignet.

Ein weniger prächtiges, aber dennoch elegantes Gehölz für den winterlichen Garten ist die Portugiesische Lorbeerkirsche (*Prunus lusitanica*) 'Variegata'. Ihr glänzendes, fein cremefarben gesäumtes dunkelgrünes Laub sitzt an leuchtend roten Zweigen. Im Gegensatz zur Art erweist sich diese buntblättrige Sorte als zurückhaltend im Wuchs, was sie für den kleinen Garten geradezu prädestiniert; sie lässt sich zudem mit der Schere in Form bringen.

In jedem Garten gibt es die eine oder andere Stelle, an der ein Bodendecker nötig ist - eine Aufgabe, die manch buntlaubiges Gehölz hervorragend erfüllt. Perfekt ist der niedrige Kletternde Spindelstrauch (*Euonymus fortunei*), beispielsweise in der Sorte 'Emerald 'n' Gold' 🏆. Diese Auslese ist frischgrün belaubt mit breitem goldgelbem Rand, der im Winter pink überlaufen ist. Sie wird maximal 60 cm hoch, dafür aber über 90 cm breit. In voller Sonne ist die Panaschierung stärker ausgeprägt.

6 | Gewöhnliche Stechpalme (*Ilex aquifolium*) 'Handsworth New Silver'

7 | Stachelblättrige Duftblüte (*Osmanthus heterophyllus*) 'Aureomarginatus'

8 | Portugiesische Lorbeerkirsche (*Prunus lusitanica*) 'Variegata'

9 | Gewöhnliches Großes Immergrün (*Vinca major*) 'Variegata'

6

7

8

9

Koniferen für die Einzelstellung im großen Garten

Nadelbäume stehen eher selten an der Spitze einer Gehölzwunschliste, und doch gibt es eine Reihe schöner Exemplare für die Einzelstellung im großen Garten.

Die ungewöhnliche Gewöhnliche Tränen-Kiefer (*Pinus wallichiana*) 🏆 (A) wächst zu einem ausladenden Baum mit gerundeter Krone heran. Die graugrünen bis bläulich grünen langen Nadeln hängen mit zunehmendem Alter immer stärker herab und verleihen dem Baum ein ausgesprochen elegantes Aussehen. Dieser Baum wird 35 × 12 m groß und toleriert ein gewisses Maß an Kalk.

Die Siskiyou-Fichte (*Picea breweriana*) 🏆 (B) imponiert mit waagerecht ausgestreckten Ästen, von denen kleinere, schlanke Zweige schleppenartig herabhängen. Diese sind ringsum mit flachen, glänzend dunkelgrünen Nadeln mit weißer Unterseite besetzt. Diese Fichte wächst langsam zu einem säulenförmigen Baum von 15 × 4 m heran.

So attraktiv diese beiden Koniferen auch sind – weit grandioser ist die blaue Atlas-Zeder (*Cedrus atlantica*) Glauca Grp. 🏆 (C). Sie zeichnet sich durch silbrige, rissige Borke und silbrige, nadelspitze junge Nadeln aus, die erst nach und nach den charakteristisch graublauen Farbton annehmen. Die weit ausgebreiteten, bogig überhängenden Äste verleihen dem Baum seine zunächst typisch kegelförmige Silhouette, die im Alter zunehmend unregelmäßiger und ausladend wird. Die endgültige Größe liegt in unserem Raum bei 40 × 10 m.

Die Colorado-Tanne (*Abies concolor*) 'Argentea' (D) ist eine Zierde für jeden großen Garten. Ihre Nadeln sitzen seitlich und oben auf den Zweigen. Je größer der Baum wird, desto mehr geht die ursprüngliche Kegelform in eine Säulenform über; seine endgültige Größe liegt bei 25 × 5 m.

Das Gewöhnliche Große Immergrün *(Vinca major)* tendiert zwar zum Wuchern, doch ist die Staude ein guter Bodendecker für größere Flächen, da sie auf fast jedem Boden gedeiht, solange für ein Mindestmaß an Feuchtigkeit gesorgt ist. Das ovallanzettliche, glänzend dunkelgrüne, sahneweiß gesäumte Laub von **'Variegata'** 🏆 bringt auch in den dunkelsten Winkel an einem Wintertag verlässlich Licht. Die langen, überhängenden Triebe bewurzeln bei Bodenkontakt.

Rinde in Weiß und Silber

Im Winter rückt für uns die Rinde der laubabwerfenden Gehölze in den Mittelpunkt. Besonders beeindruckend leuchten weiße und silbrige Baumgerüste vor dem klaren, blauen Winterhimmel. Kaum zu übertreffen sind in dieser Hinsicht die Birken (*Betula*), von denen etliche mit glatter weißer oder silbriger Rinde aufwarten (siehe Kasten unten).

Mit weiß glänzenden jungen Trieben verzaubern ornamentale Himbeerverwandte wie die Tangutische Himbeere (*Rubus cockburnianus*) 'Goldenvale' und die Tibet-Himbeere (*R. thibetanus*) 🏆 den

10 | Tangutische Himbeere (*Rubus cockburnianus*) 'Goldenvale'

11 | Streifen-Ahorn (*Acer pensylvanicum*)

Dekorative Birkenrinde

Die Rinden der verschiedenen Birken (*Betula*) warten mit herrlichen Farben auf. Im Winter präsentieren sich diese laubabwerfenden Bäume in all ihrer Schönheit.
Unter der sich ablösenden weißen äußeren Rindenschicht der Papier-Birke (*B. papyrifera*) ist bereits die hellbraune neue Rindenschicht sichtbar. Ebenfalls weiße Rinde trägt die Weiße Himalaya-Birke (*B. utilis* var. *jacquemontii*) (siehe Seiten 27 und 53). Von dieser sind einige gute Auslesen erhältlich, darunter 'Doorenbos' 🏆, 'Grayswood Ghost' 🏆, 'Jermyns' 🏆 (A) und 'Silver Shadow' 🏆, bei denen die weiße Rinde im Winter besonders hell strahlt.
Unter der rosig hellbraunen äußersten Rindenschicht der Gewöhnlichen Himalaya-Birke (*Betula utilis* var. *utilis*) 🏆 (B) verbirgt sich mahagonifarbene junge Rinde. Löst sich bei der Chinesischen oder Kupfer-Birke (*B. albosinensis*) 🏆 die attraktiv orangebraune älteste Rindenschicht, so wird darunter eine neue, hellbraune, wie gewachst wirkende Schicht sichtbar. Die zimtfarbene bis silbergraue Rinde der Schwarz-Birke (*B. nigra*, C) schält sich in solchem Maß, dass Baumstamm und Geäst ganz rau und zerzaust wirken. Ältere Exemplare entwickeln eine schwarzbraune Borke. Bei der Gold-Birke (*B. ermanii*, D) schimmert die sich lösende cremeweiße obere Rindenschicht rosig und beige.
Manche Fachleute empfehlen, diese Bäume im Frühjahr und Herbst mit klarem Wasser abzuschrubben, um die herrlichen Rindenfarben noch stärker hervorzuheben. Als Hochstamm wie als Heister sind Birken ausgesprochen dekorative Solitärgehölze.

winterlichen Garten. Bei beiden Arten empfiehlt sich ein bodennaher Rückschnitt im Frühjahr. Mit weißen Streifen trumpfen einige Ahornarten auf, so der aus China stammende Davids-Ahorn (*Acer davidii*), der nordostamerikanische Streifen-Ahorn (*A. pensylvanicum*) 🏆 und der Amur-Ahorn (*A. tegmentosum*).

Weiße Blüten

Nichts hebt an einem kalten, grauen Wintermorgen die Stimmung so sehr wie der Anblick von Blüten im Garten. Manch ein Schneeball (*Viburnum*) schmückt sich im Winter mit weißen Blüten, beispielsweise der leider nicht immer winterharte, aber das Risiko lohnende immergrüne Lorbeer-Schneeball (*V. tinus*) und der bezaubernde Duftende Schneeball (*V. farreri*) 🏆. Die winzigen, zu Schirmrispen zusammengefassten Blüten des Lorbeer-Schneeballs duften und stehen lange – vom Spätwinter bis in den Frühling hinein – im schmalen, dunkelgrünen Laub. Die kleinen, weißen bis rosigen Blüten des Duftenden Schneeballs, die in dichten Schirmrispen auf den kahlen Zweigen sitzen, machen seinem Namen alle Ehre. Beide *Viburnum*-Arten wachsen zu großen Sträuchern heran.

Mit überwältigend süßem Duft, der monatelang den Garten durchweht, bezaubern einige winterblühende Geißblattarten (*Lonicera*). *L.* × *purpusii* 'Winter Beauty' 🏆 ist ein ausgezeichneter Strauch, an dem sich über einen Zeitraum von mindestens drei Monaten – von den ersten Wintertagen bis zum Vorfrühling – immer wieder winzige, stark duftende, mit goldenen Staubgefäßen besetzte sahneweiße Blüten öffnen. Das halbimmergrüne eirunde Laub ist dunkelgrün; der Strauch erreicht eine Größe von 2 × 2,5 m (siehe Gute Pflanzpartner Seite 185).

12 | Duftender Schneeball (*Viburnum farreri*)

13 | *Lonicera* × *purpusii* 'Winter Beauty'

Weitere empfehlenswerte Gehölze mit schöner Rinde und dekorativen Trieben Roter Schlangenhaut-Ahorn (*Acer capillipes*) • Weißer Hartriegel (*Cornus sericea*) 'Flaviramea' • Mahagoni-Kirsche (*Prunus serrula*) • Stacheldraht-Rose (*Rosa sericea* ssp. *omeiensis* fo. *pteracantha*) • Korkenzieher-Weide (*Salix matsudana*) 'Tortuosa'

Gute Pflanzpartner

Wunderbar präsentiert sich *Lonicera × purpusii* 'Winter Beauty' 🏆 (A) im Winter; den Rest des Jahres wirkt dieses Geißblatt eher uninteressant. Überspielen lässt sich dies unter anderem mit einer Waldrebe (*Clematis*), die man durch den Strauch wachsen lässt – die sommerblühende blaue 'Prince Charles' 🏆 (B) wäre eine Möglichkeit. Eine schöne Unterpflanzung für das Frühjahr ist hellblaues Lungenkraut (*Pulmonaria*), etwa das Langblättrige Lungenkraut (*P. longifolia*, C).

Kaum vorstellbar ist ein Garten ohne Schneeglöckchen (*Galanthus*). In der widrigsten Jahreszeit bereiten uns diese unkomplizierten Zwiebelpflanzen unverdrossen Freude. Es gibt zahlreiche Kulturformen, doch einiges spricht dafür, sich auf die Wildform des Kleinen Schneeglöckchens (*G. nivalis*) 🏆 zu konzentrieren, das sich über Samen verbreitet und im Gras oder unter hohen Bäumen ausgedehnte Teppiche bildet. Wer die Blühsaison verlängern will, pflanzt außerdem einige der späteren Arten. Schneeglöckchen hybridisieren willig; sollen die Bestände artenrein bleiben, empfiehlt es sich, einigen Abstand zwischen den verschiedenen Arten einzuhalten.

Empfehlenswerte Schneeglöckchen (*Galanthus*)

'Atkinsii' 🏆 (A): Diese robuste, dichte Horste bildende Sorte trägt große, zeitig erscheinende Blüten und eignet sich ideal für den hinteren Rabattenbereich, wo austreibende Stauden später das welkende Laub verdecken.

'Magnet' 🏆 (B): An hohen, schlanken Halmen schaukeln die Blüten schon in der leichtesten Brise. Diese verlässliche Sorte befindet sich seit über 100 Jahren in Kultur.

G. nivalis 'Viridapice' (C): Dieses relativ hohe Kleine Schneeglöckchen bezaubert mit exquisiten Blüten. Seinen Namen, der übersetzt »mit grüner Spitze« bedeutet, verdankt es den ungewöhnlich gezeichneten Blütenblättern.

'S. Arnott' 🏆 (D): Diese prächtige, große, vermehrungsfreudige Sorte besticht mit ihrer prallen klassischen Blütenform und einem zarten Honigduft. Sie bildet dichte, hohe Bestände.

Weitere empfehlenswerte Winterblüher Kornelkirsche (*Cornus mas*) • *Galanthus alpinus* var. *alpinus* • Kleine Netzblatt-Iris (*Iris reticulata*) • Frühjahrs-Kirsche (*Prunus subhirtella*) 'Autumnalis'

Gelbe Blüten

Fröhlichen Schwung bringen gelbe Blüten in den winterlichen Garten. Besonders hell leuchtet diese Farbe bei den Blüten der Zaubernuss (*Hamamelis*) und der Mahonien (*Mahonia*). Die Zaubernuss verlangt nach saurem bis neutralem Boden. Ihre an Spinnenbeine erinnernde winterliche Blüte ist vollkommen frostunempfindlich, und sämtliche Arten und Sorten duften wunderbar. Mit Blüten in kräftigem Gelb wartet beispielsweise die Hybrid-Zaubernuss (*H.* × *intermedia*) 'Arnold Promise' 🏆 auf, die Chinesische Zaubernuss (*H. mollis*) 🏆 trägt goldgelbe, stark duftende Blüten (siehe Gute Pflanzpartner Seite 187), und *H.* × *intermedia* 'Pallida' 🏆 blüht zartgelb. Bei all diesen sind die Blüten etwa 3 cm groß und öffnen sich in der zweiten Winterhälfte. Die langsam wachsenden *Hamamelis* sind ausgezeichnete Solitärgehölze für die Einzelstellung auf dem Rasen oder für die Verwendung als gestalterischer Mittelpunkt eines kleinen, den winterblühenden Pflanzen gewidmeten Gartenraums. Ein ausgewachsenes Exemplar hat eine Größe von etwa 3 × 2 m.

Beliebte immergrüne Sträucher sind die Mahonien (*Mahonia*), die sich durch ungewöhnliches dornig gezähntes, glänzend dunkelgrünes Laub und strahlend gelbe, zum Teil auch duftende Blüten hervortun. Blühbeginn ist je nach Art im Winter oder

14 | Hybrid-Zaubernuss (*Hamamelis* × *intermedia*) 'Pallida'

15 | Japanischer Perlschweif (*Stachyurus praecox*)

16 | *Mahonia* × *media* 'Winter Sun'

Gute Pflanzpartner

Die gelben Blüten der Chinesischen Zaubernuss (*Hamamelis mollis*) 🏆 (A) werden durch eine Unterpflanzung mit kleinen Narzissen (*Narcissus*) wie der wilden Osterglocke (*N. pseudonarcissus*, B) oder 'Jack Snipe' schön herausgestellt.

Der gelbe Kleine Winterling (*Eranthis hyemalis*) 🏆 (C) ist eine bezaubernde Ergänzung zum nierenförmigen, glänzend dunkelgrünen Laub der immergrünen bodendeckenden Gewöhnlichen Haselwurz (*Asarum europaeum*, D).

Frühjahr (siehe Seite 111). ***M.* × *media*** 'Winter Sun' 🏆 wächst schmal-aufrecht und trägt über dem dunkelgrünen, an Stechpalmen erinnernden Laub von Januar bis April sonnengelbe Blüten, die ein überwältigendes Parfüm verströmen. Weitere lohnende Sorten sind ***M.* × *media*** 'Buckland' 🏆 mit langen, traubigen, gebogenen, leuchtend gelben Blütenständen und ***M.* × *media*** 'Charity' mit in etwa der gleichen Blütenfarbe und zunächst aufrechten Blütentrauben, die sich dann immer weiter neigen. Diese Mahonienhybriden verfügen über eine bessere Winterhärte als die meisten Arten und steuern in der kargen Jahreszeit schönes Grün bei. Ohne Rückschnitt können sie recht groß werden; werden sie zu hoch und sparrig, kann man sie im Frühjahr problemlos zurücknehmen.

Ziemlich selten trifft man in Gärten den Perlschweif (***Stachyurus***) an, eine Gattung erlesener laubabwerfender oder halbimmergrüner Sträucher, die sich ebenfalls im Winter mit attraktiven gelben Blüten

Weiterer empfehlenswerter Fruchtschmuck Wilsons Berberitze (*Berberis wilsoniae*) • Baum-Zwergmispel (*Cotoneaster frigidus*) 'Cornubia' • Lederblättriger Weißdorn (*Crataegus* × *lavallei*) 'Carrierei' • Gewöhnliche Stechpalme (*Ilex aquifolium*) 'J. C. van Tol' • *Malus* × *scheideckeri* 'Red Jade' • Feuerdorn (*Pyracantha*) 'Orange Charmer'

schmücken (siehe auch Seite 96). 10–12 cm lange Trauben winziger, hellgelber Blütenglöckchen hängen an den Zweigen des Chinesischen Perlschweifs (*S. chinensis*), und der Japanische Perlschweif (*S. praecox*) 🏆 schmückt sich mit etwas kürzeren, zitronengelben bis gelbgrünen hängenden, traubigen Blütenständen. Diese Blüten öffnen sich im Spätwinter und Frühling noch vor dem Erscheinen der mittelgrünen Blätter. Ausgewachsen sind diese anmutigen Sträucher etwa 2 × 3 m groß. Sie gedeihen in Sonne oder lichtem Schatten auf nährstoffreichem, humosem, durchlässigem Boden, der allerdings kalkfrei sein muss.

Der Winter-Jasmin (*Jasminum nudiflorum*) 🏆 ist eine herrliche Pflanze für den winterlichen Garten. Zwar wirft er sein Laub ab, doch das fröhliche Gelb seiner Blüten an den dunkelgrünen, überhängend oder anlehnend wachsenden Trieben garantiert in Kombination mit den flaschengrünen Trieben während der ganzen Jahreszeit einen bunten Farbfleck. Die Knospen öffnen sich sogar an einer Nordwand.

So winzig er ist, schafft es der bezaubernde Kleine Winterling (*Eranthis hyemalis*) 🏆 doch, auch die trübsten Tage aufzuheitern. Das Pflänzchen sprießt im Februar/März aus einer kleinen Speicherknolle; seine hahnenfußgelbe Blüte sitzt auf einer Halskrause aus grasgrünen Hochblättern. Der Winterling gedeiht am besten auf kalkhaltigem, nährstoffreichem, humosem Boden, der im Sommer nicht austrocknet. Er fühlt sich in der Sonne genauso wohl wie im lichten Schatten und lässt sich im Gras auswildern oder am Fuß von Gehölzen ansiedeln (siehe auch Seite 99 sowie Gute Pflanzpartner Seite 187).

Rot und Orange im Winter

Eine winterliche Augenweide sind die knallroten Steinfrüchte der Stechpalmen (*Ilex*), doch wem der Sinn nach Alternativen steht, der findet auch andere Sträucher, die in der kalten Jahreszeit mit Fruchtzier aufwarten. Die roten Früchte der Späten Zwergmispel (*Cotoneaster lacteus*) 🏆 setzen sich gut gegen das dunkle Laub ab und bleiben die ganze erste Winterhälfte am Busch haften. Der mittelgroße, immergrüne Strauch reagiert gut auf regelmäßigen Schnitt und lässt sich daher hervorragend als Hecke ziehen. Die Zweige der niedrigen, breitwüchsigen Bogen-Zwergmispel (*C. conspicuus*) 'Decorus' 🏆 streben eher zur Seite denn in die Höhe, was diesen Strauch für die Hangbegrünung geradezu prädestiniert. Verteilt im dunkelgrünen Laub glänzen Unmengen kleiner, roter Früchte, die bis weit in den Winter hinein an den Zweigen verbleiben. Auch manche weiblichen Skimmien tragen im Winter schönen Fruchtschmuck, so etwa mehrere Kultursorten der Japanischen Skimmie (*Skimmia japonica*). Die männliche Sorte 'Rubella' 🏆 setzt zwar keine Früchte an, doch sie prunkt mit auffälligen roten Blütenknospen.

Auch manches Laub steuert im Winter verlässlich

Empfehlenswerte dekorative Samenstände als Winterschmuck Garten-Reitgras (*Calamagrostis × acutiflora*) 'Karl Foerster' • Wilde Karde (*Dipsacus fullonum*) • Silber-Chinaschilf (*Miscanthus sinensis*) 'Silberfeder' • *Phlomis russeliana* • Purpur-Fetthenne (*Sedum telephium*) 'Herbstfreude'

18

rote Akzente bei. Die großen, runden, ledrig festen Blätter der Bergenie (*Bergenia*) 'Sunningdale' nehmen mit den ersten niedrigen Temperaturen ein intensives Kupferrot an, das besonders ausgeprägt ist, wenn die immergrüne Staude in voller Sonne steht. Im zeitigen Frühjahr bildet das farbenprächtige Laub einen faszinierenden Hintergrund für die magentapinken Blüten.

Die winterblühende Zaubernuss (*Hamamelis*) ist eine besonders wertvolle Gartenpflanze, beispielsweise die Hybrid-Zaubernuss (*H.* × *intermedia*) 'Diane' 🏆 mit Blüten in dunklem, kräftigem Rot, die sich in der ganzen zweiten Winterhälfte an den kahlen Zweigen zeigen (siehe Gute Pflanzpartner rechts). Auch das farbstarke Herbstlaub der verschiedenen Auslesen ist ein Blickfang. Eine der farbkräftigsten Sorten ist (*H.* × *intermedia*) 'Jelena' 🏆, die ein herrliches Herbstkleid in Rot und Orange anlegt und in der ersten Winterhälfte kupfrig orange blüht. Bei beiden beschriebenen Sorten beträgt der Blütendurchmesser etwa 3 cm.

Ausgezeichnet ist die Schmuckwirkung des Zimt-Ahorns (*Acer griseum*) 🏆, dessen sattorangebraun gefärbte Rinde sich unübersehbar schält und in den Wintermonaten besonders prächtig wirkt. Im Sommer trägt der Baum attraktives dunkelgrünes Laub, das sich im Herbst orangerot bis scharlachrot färbt. Dieser mittelgroße Ahorn bildet eine breite Krone aus und wächst langsam zu einer Größe von 10 × 10 m heran. Er ist ein wunderbares Gehölz für die Einzelstellung (siehe Seite 37).

17 | Bogen-Zwergmispel (*Cotoneaster conspicuus*) 'Decorus'

18 | Zaubernuss (*Hamamelis* × *intermedia*) 'Jelena'

Gute Pflanzpartner

Fantastisch wirken die aparten roten Blüten der Hybrid-Zaubernuss (*Hamamelis* × *intermedia*) 'Diane' 🏆 (A) in unmittelbarer Nachbarschaft zum Tatarischen Hartriegel (*Cornus alba*) 'Sibirica' 🏆 (B) (siehe auch Seite 178).

A

B

Rosa Blüten

Wer im Winter lieber Rosa sieht als Orange-Rot, der wird bei einer Reihe von Gehölzen und Stauden fündig. Die schöne Frühjahrs-Kirsche (***Prunus subhirtella***) **'Autumnalis'** 🏆 bezaubert uns bereits im Herbst mit den ersten Blüten, wenn der Garten eigentlich gerade dabei ist, seine Vorstellung zu Ende zu bringen. Frost überstehen diese Blüten nicht, doch den ganzen Winter über öffnen sich immer wieder neue Knospen, sobald die Temperaturen nur ein wenig ansteigen. Die halbgefüllten, rosig weißen Blütenschalen messen etwa 2 cm. Entschieden rosa in der Blütenfarbe, ansonsten aber vergleichbar blüht die herrliche Auslese **'Autumnalis Rosea'** 🏆. Diese breitwüchsigen Zier-Kirschen erreichen eine Größe von etwa 5 m; ihr dunkelgrünes Laub treibt im Frühjahr bronzefarben aus; im Herbst färbt es sich goldgelb.

Die intensiv duftenden, rosigen Blüten des Bodnant-Schneeballs (***Viburnum × bodnantense***) **'Dawn'** 🏆 sind kaum zu übersehen. Mitten im Winter stehen seine winzigen Blüten in dichten Büscheln an den Zweigen und Zweigspitzen. Die Blüten sind zunächst rosa, um dann zu rosigem Weiß zu verblassen. Ausgewachsen hat dieser Schneeball eine Größe von 3 × 2 m.

Nieswurz (***Helleborus***) ist zu einem Muss vieler Gartenliebhaber avanciert, denn die becher bis tellerförmigen Blüten in Weiß, Cremefarben, Rosa, Violett und Grünweiß dieser Winterblüher sind von ausgesuchter Schönheit. Die 15 Arten der Gattung sind von ausgesprochen unterschiedlicher Erscheinung. So trägt ***H. cyclophyllus*** gelblich grüne Blütenteller an 30 cm hohen Stängeln, während die Stinkende Nieswurz (***H. foetidus***) 🏆 grüne Blütenglocken an etwa 50 cm hohen Stängeln trägt; die Christrose (***H. niger***) 🏆 schmückt sich mit attraktiven weißen oder weißrosa Blütentellern, und ***H. purpurascens*** blüht becherförmig in Nuancen von Violett bis hin zu rosigem oder violett überhauchten Schiefergrau mit hellgrünem Blüteninneren. Sämtliche Vertreter sind äußerst vermehrungsfreudig.

19 | Frühjahrs-Kirsche (*Prunus subhirtella*) 'Autumnalis Rosea'

20 | Bodnant-Schneeball (*Viburnum × bodnantense*) 'Dawn'

21 | Nieswurzhybride (*Helleborus*)

Register